大森荘蔵

Shōzō Ōmori

時間と存在

時間と存在　目次

時間と存在

はじめに

本書は一昨年刊行した拙著『時間と自我』に直接つながることを念頭にして書き、引き続いて雑誌「現代思想」に掲載した論文を集めたものである。その接続を示す論説として冒頭第1章に置いたのが「線型時間の制作と点時刻」である。これは前著で考えてきた時間についての探究を中間的ではあるが一応まとめたもので、現在われわれが日常的にも科学的にも実用している線型時間を人類がどのようにして制作してきたかを模擬的に叙述したものである。ここで使用した方法は「意味のシミュレーション」とでも呼べるもので、これまで若干の哲学問題、なかんずく他我問題と自我の意味について適用して、その効果を試したものである。この意味のシミューレションの方法は、意味の把握が困難な自我とか時間とかの意味を探索するに際して、ともすれば陥り易い哲学的抽象の迷路を避けて、日常生活の場でのそれらの概念の実情に沿った構成的分析をするのに適しているように思われる。かってH・ライヘンバッハが提案した「意味の再構成」と同様に、標的にした概念の意味を手元で制作してゆくのだが、日常の現実的使用をその制作のガイドとも目標ともする点で遙かに実用的であると思う。この方法を数学の「集合」と「確率」の概念に適用すると効果があると思うが、それは次の機会を待つつもりである。

この線型時間の考究の中で時間を一直線上の点で表示する二千年来の習慣に強い危惧の念を持った。われわれの直接の体験には点時刻が見当らないのに、その点時刻を時間表示の基礎におく危うさと疑わしさである。

何よりも時間のこの直線表示では時間の根本的様相である過去、現在、未来の意味が無視されて、単に点の位置関係で代用されてしまう。そこから過去の体験的意味の母体である想起体験から改めて過去の意味を問うことになった。それはやがては過去の実在性への疑問につながることになった（第7章「色即是空の実在論」）。そして過去の実在性と空無性とを同一の事実の表裏として考える、という結論に達した。これが前著で浮上した課題への予備的な答になっているつもりである。

一方点時刻への疑念から改めて幾何学の性格を確認する必要を生じ、若年からずっと考え続けてきた幾何学論をまとめる機会になった（第2章「幾何学と運動」）。フッセルの幾何学解釈（『ヨーロッパ学問の危機』『幾何学の本質』）の、測量の理想化という考えにはどうしても同意できないのと、他方で、論理実証主義の記号体系としての幾何学とその物理的解釈という二〇世紀の定説ともいうべき解釈に満足できないことから、自分用の解釈が必要になったのである。その我流の解釈では、まずわれわれが中学高校で習う「図形幾何学」と私が呼ぶ幾何学を主題にする。カントが『純粋理性批判』で考えていたのもこの図形幾何学であったはずである。その円や三角の図形をわれわれは日常生活の空間――食卓や壁の上、虚空の中――の中に幅のない線や拡りのない点から「思い描く」。それらはただ思い考えられるだけであって決して知覚されない。知覚される机の端に沿って思い描かれる幅のない線は見えるはずがない。この基本的観点から幾何学の性格を把えるのが私の解釈である。その解釈では例えば、幾何学の定理が成り立つのは私達が経験している生活空間の中に思い描かれる図形についてであって、生活空間とは別な純粋空間直観などではなく、したがってユークリッド、非ユークリッドが言えるのはあれこれの空間についてではなくて、唯一無二の生活空間の中の図形群についてである、等々。幾何学が図形によって空間の性質を探究するのと平行に画家は絵画、特に抽象の絵画によって空間を探究する（第4章「キュビズムの意味論」）。

この私の解釈は私達が学校で習い大工仕事や紙細工で実用している幾何学に最も自然に適用できるものであり、その図形幾何学のありのままの姿ではないかと思っている。

この図形幾何学で「点の運動」というのは私には矛盾を含んでいるように思われた。そして現在に至るまで解決不可能と思われるゼノンのアキレスと亀の逆理こそまさにその矛盾の表現ではあるまいか、と思うのである。ゼノンのこのパラドックスは二千年来無数の哲学者や数学者が検討してきた。

彼等はゼノンの議論は詭弁であるという推測からその詭弁のトリックを見付けようとしてきた、そしてことごとく失敗したのである。この歴史的事実から、一転してゼノンの議論は詭弁ではない、ゼノンは正しいのだ、と今こそ結論してよい時期に来たのではないだろうか。私自身もまた過去何十回となくゼノンに取組んで失敗してきた経験から（あるいは疲労から）ゼノンの正しさに同意する。

だがこの逆理が正しい議論だとすると、当然この逆理の意図についても一八〇度の転回が必要になる。ゼノンは詭弁を弄したのではないことになるからである。ゼノンは警告を発したのだ、と私は考える。点の運動を考えたり点時刻の動きを考えたりすれば矛盾に陥るぞ、という警告を与えたのだと考える他はない。

すると今度は更に重大な問題が起る。なぜなら科学はアルキメデス以来正にこのゼノンの警告したことを犯してきているからである。物体運動を始めとしておよそ変化というものをすべて直線上の線型時間tを座標として考えるというのが自然科学の根本だからである。

$x=x(t)$、とすべての物理量をtの関数とするということが科学の根本的表現法である。

それならばゼノンが警告したように自然科学は至る所で矛盾が生じるはずである。

しかしそんな様子は全くない。ということは自然科学はそれとは知らずにゼノンの警告に従って点時刻表現を避けてきた、と思わぬわけにはいかない。そして事実そうだったろうと私は推測した（第3章「ゼノンの逆理と現代科学」）。実際量子力学では物質粒子の運動経路を考えることを許さないが、これも意図せずしてゼノンの矛盾を回避したことになる。

以上、時間をめぐる問題領域から少し離れて存在の問題がある。そこでの主要な主題は伝統的に普遍問題と呼ばれてきた普遍の存在の意味である。プラトンのイデアに始まって普遍の存在について長過ぎる論争があったことは周知のことである。それを存在、非在の問題としてではなく、普遍の存在ということの意味として検討しようとしたのが第5章「存在の意味」及び第6章「疑わしき存在」である。そこでの結論は、経験を語るのに不可欠だという所からくる「語り存在」という存在性格が普遍の存在の意味の中核である、ということになった。この考えがギリシャ哲学の専攻家、例えば藤沢令夫氏や井上忠氏にどう取られるかが気にかかる。特に藤沢氏に対しては、数十年前日本哲学会でこの問題を巡って討論して以来私の応答の不充分であったことに対する訂正になっているつもりである。

この普遍の「語り存在」は当然いわゆる数学的存在に対しても適用できる。自然数、実数を始め多様な数学的概念の存在性格もまた語り存在と考えることができるからである。

なかんずく、現代数学の最深の基底にある集合概念を語り存在と把えることによって、数理哲学のみならず数学基礎論にも狭いながらも一つの新しい窓が開かれるのではないかと期待している。

普遍の存在の問題からその基盤にある物的存在の問題が浮上するのは自然の流れであった。特に時間の検討で突出した過去と想起の問題が実在論の再検討を加速した。

実在論を巡る論争の激しさにむしろ逆行するように、一体実在論とは何を意味しているのかがこれまで明確ではなかった。私はその不明確さを取り除くには重々しく曖昧な哲学的勿体を削り落として日常実用されている実在論にしぼりこむように努めた。そして極くつつましいが、台所道具のように毎日実用されている実在論に的をしぼった。ヒュームの「程々《モデスト》の懐疑論」にならって「程々《モデスト》の実在論」と私が呼ぶこの実在論は、従来いくらか御大層に素朴実在論と呼ばれてきたものに他ならない。そして第一にこの実在論に従来完全に見落とされてきた過去の実在性の復原を求めた。そしてこの実在論は事々しく論証されるようなものではなく、われわれ人間がこの世界で生物的に生きのびるために採らざるをえなかったライフスタイルであることを示そうとした。簡単に言えば、この「程々の実在論」は進化論的な自然淘汰の産物だというのである。だからそれ以外の選択、例えば世界を空無とする空無論も論理的に可能であり、この世界はこの実在論と空無論が背中合わせになっていて一瞬でくるりと交替する、そういう世界だということになった。それを万人周知の般若心経の文句を借りて色即是空の実在論と呼んだのである。言うまでもなく、現代科学の実在論、いや現代科学自身も、日常実用の実在論を時間空間的に密画化したものに他ならないのだから（精しくは拙著『知の構築とその呪縛』）、科学自身もまた色即是空の科学ということにならざるをえない。

この科学観からうながされてか、現代科学に対する公然たる冒瀆を試みたのが最終三章の「無脳論の可能性」「脳と意識の無関係」「意識の虚構から『脳』の虚構へ」である。この三つの章で、現代科学の精髄ともいえる脳生理学を支える人間観に対して敢えて批判を試みた。われわれの行動と意識はすべて脳の状態の結果である、という今日確立したかにみえる常識には重大な疑義があるという異議である。脳の研究がどのように精細に進んでも、脳からわれわれの意識、例えば知覚や想起に至る因果作用の経路《パスウェイ》は永久に見出せないと思うからである。この事情は現代の進化論の根本原理である自然選択から或る形質の発現に至る因果経路が不明のまま闇の中に残されていることに見事に対応している。

私は脳の場合には因果概念が杜撰に使われているのではないかと思うので、因果概念に代わる「重ね描き」という概念を提案してきている。因果の代わりに重ね描きを採用すれば、上述の困難は消滅すると共に、現代に至る脳生理学の貴重な成果は何一つ訂正の必要がないと思うからである。ここで変更の必要があるのは、概念枠であって具体的な科学上の知見ではないからである。更に一段ふみ込むならば、事の起りは「意識」という概念にあるのではないかと思うが、それは今後の課題としておく他はない。

こうして通観してみると、本書の流れは実在の色即是空性に収束するように思われる。正直に言って、昔、物理学の学生であった私は、自然科学的世界の空性という自分で出した結論に納得がゆかない。これまでも度々経験したことだが、自分で出した奇怪な考えに馴れるのにかなりの年月が必要だろう。しかし今度は馴れるに必要な時間が私にあるかどうか心もとない。そこでこれからシーズンオフの休息に入るつもりである。
前著から引き続いて不定期の投稿を許容してくだすった「現代思想」の編集部、ならびに本作りの一切を担当していただいた青土社の宮田仁氏に厚く御礼を申しあげる。

大森荘蔵

*

1 線型時間の制作と点時刻

時間が哲学のみならず一般の常人の関心を把えだしてから久しい。しかしそれによって事が明るくなるよりもむしろ暗さを増してゆくように思われる。そしてその暗い闇の向うには何か深遠な秘密がかくされていて誰かが扉を開くのを待っている、といった一種異様に神秘めいた雰囲気がかもされてきている。この重苦しい空気をうちはらうためには時間のそもそもの生い立ちを公開することから始めるのがいいだろう。しかし、時間の素性というとき既にその時間が何を指すかが把え難い。そこで現代社会で最も実用的に流通しているかくれもない公共の時間をとりあげる。それは時計会社で大量生産されている無数の時計が表示する時間であり、それが物理学の物理時間tから由来したものであることは万人が認める所だろう。この物理学の時間tをその線型性から線型《リニア》時間と呼ぶことにも異議はないだろう。物理学の時間であるこのリニア時間も元はと言えば日常生活の中で家族制度が形成されるのと同様に長い時間の中でゆっくりと生成されてきたものである。その生成の様子、例えば過去、現在、未来の順序、現在の瞬間性とか時間の連続性等々がどのような手順で制作されてきたのかを考えてみたい。もちろん、何千何万年、いや時には何百万年も前の猿人や原人の時間制作を今復原することは誰にもできることではない。しかし工学者が高圧や蒸着でダイアモンドを合成するように長い時間を圧縮して数万年にわたる時間制作を短期のステップでシミュレートすることは可能であり、そのシミュレーションの出来のよしあしを論評することもできるだろう。時間に限らず哲学的に重要な概念、例えば空間、自我、他我、真理、等々の概念の意味の制作のシミュレーションが哲学の新しい方法の一つとして公認される日がくることを願っている。

リニア時間制作のシミュレーションの開始点として事物の「存在」の意味をとる。

一　持続存在の時めき、時間と存在

身のまわりにある何でもない平凡な事物、例えば机や椅子、台所用品がそれぞれの場所に「存在する」のを見るときにその存在とは持続的存在を意味していることは確かである。机でも鍋でもそこに「ずーっと存在し続けている」という意味でそこに在る。その鍋は突然そこに出現したのではなく、しばらく前から存在し続けている。ここで「しばらく前から」とは当然「過去」を意味しているのだから、鍋の存在の意味には過去の意味が含まれていることは明白である。それと同様に、鍋の存在には「これ以後しばらく存在し続けるだろう」という意味が含まれている。それは突然出現するのではないように突然消失するものでもない。鍋の存在には過去と同様に未来の意味も含まれているし、説明するまでもなく「今現にここに在る」という現在の意味も含まれている。

こうして平凡な日用品の存在の中に、既に過去現在未来という時間の三様態が意味的に含まれているのである。多少の誇張と強弁を加えれば、存在とは既に時間であり、時間は既に存在に含まれている、と言えよう。そういう潤色を一切取り去っても、事物存在の意味の中に現在未来過去の意味が含まれていることは確かである。この含まれている意味をあらわにとり出すことを「存在の時めき」と呼びたい。この「存在の時めき」は道元がその『正法眼蔵』第二十『有時』で「有時」と呼んだものに他ならないと私には思われる。

いはゆる有時は、時すでにこれ有なり、有はみな時なり。丈六金身これ時なり、時なるがゆへに時の荘厳光明あり、……三頭八臂これ時なり……。

道元はその生活環境からして鍋などの代りに丈六その他の仏像を例にとってはいるが、それらの物体の存在の時めきを説いている、と見て差支えないだろう。更に、「有時張三季四、有時大地虚空」、等の例示を見れば彼の「有時」とはまさに「存在の時めき」であると言えよう。

この存在の時めきを線型時間の制作の開始点とするのは自然であろう。森羅万象の時めきは至る所に在って時めいている。それが線型時間の発端にならない方が不思議である。

しかし事物存在の時めきは個々の事物に固着して局所的であるが、一方の線型時間は全宇宙に通じる全域的時間である。それ故、線型時間は存在の時めきを発端とするだけでは完成できない。そのために次のステップとして自分の経験、特に想起経験に進まねばならない。

二　未来—現在—過去の骨格時間

先にひいた道元の言葉に有時張三季四とあったように、事物存在の時めきは人間にも適用される。しかしそれは物体としての身体である。それとは別に人間の意識的経験において独特な時間性が出現している。想起の経験において過去の意味が経験され、同様に意図と予期の経験の中で未来という意味が経験される。ここで「現在」の意味は「今……の最中」という今最中経験の中で経験される意味が中核となる。というのは、現在と過去及び未来の時間順序が出てくるのがこの今最中経験だからである。想起経験の中で経験される過去とは、その想起経験自身よりも以前であるとして経験される。ところが想起経験自身とは「今想起の最中」という今最中経験の一つであるから、そこで経験される今現在が想起される過去と比較されるもので、過去はその今現在以前になる。それと同様に意図―予期経験の中の未来は、今最中経験の今現在より以後として経験される。

こうして過去―現在―未来の順序が初めて制作される。これに対して前節の事物存在の時めきからは未来と過去の順序だけしか制作できない。

つまり、過去―現在―未来という根本的順序が制作されるのは人間の意識的経験においてなのである。しかもこの意識経験において制作された時間は過去と未来の両方向で無限であることが経験の中で与えられている。例えば想起において或る過去が最も古い（以前の）過去でそれ以前の過去はありえない、ということは考え得ない。われわれが経験する想起経験のあり方がそのような可能性を排除しているのである。未来についても同様であり、こうした過去と未来の両方向で無限なのである。こうして無限未来と無限過去に挟まれた今現在という時間の骨格が制作されるのである。これを「骨格時間」と呼んでおく。存在の時めきの時間が局所的であったのに対して、この骨格時間はもはや局所的（local）ではなくて全域的（global）であることは明らかだろう。なぜなら骨格時間は個々の事物存在に制約を受けないからである。しかし、骨格時間と時めき時間の基本構造が過去―現在―未来という同型のものであることもまた明らかである。この構造が同型であることから全域的な骨格時間の上に局所的な時めき時間を重ねることが可能である。このように重ねることによって任意の事物の時めき時間を骨格時間に吸収融合させることができる。

この骨格時間は物理学の線型時間の原型であり骨格であることは、もはや言うまでもないだろう。したがってこの骨格時間に或る肉付けをしてゆけば線型時間が制作されることになる。

三　過去、現在、未来の生成

線型時間tを生成するには、前節で述べた存在の時めきはその発端ではあるが、それだけでは不十分である。線型時間は局所的には存在の時めきの持続と同型であるが、その過去と未来に無限に伸びる長大な時間を生成するには局所的ではなくて全域的な素材が必要である。その全域的な素材とは他でもない私の過去から未来にわたる経験の全域である。

経験の中に原的に与えられているものとして「より以前、より以後または同時」という時間順序があるのを見落とす人はいないだろう。想起の経験の中のいかなる二つの事件の間にも、また意図や予期の経験の中のいかなる二つの事件の間にも、この時間順序が与えられている。この時間順序の関係によって過去と未来のそれぞれの中ですべての事件が順序付けられることは全く自然で容易なことである。

しかし、これだけでは t の過去部分と未来部分の二本の無限半直線が生成されただけであって、一本の無限直線としての t にはまだ至っていない。一本の t 直線を生成するには「今現在」の概念と過去—現在—未来という順序との接続が必要である。

多くの人が「今現在」を一つの時刻を指す名前であると誤解をしている。時間についての人を惑わせる難問奇問の相当数はこの誤解に起因している。この誤解から自由になって考えてみれば、「今……の最中」という言い方の中に「今現在」の意味を求める道が開かれるだろう。つまり、今食事の最中、今風呂の最中、というように、何かをしている最中を今と言うのである。この「今最中」の意味によってこそ過去、現在、未来の三様相の間に時間順序が付けられるのである。

今何でもいい過去の事件Xを想起している最中だとする。Xを想起するという経験の本質はXを過ぎ去ったこと、過去のこととして想起することである。一方その想起経験自身（フッセルの意味でのノエシス）は今最中の経験に他ならないから当然今現在でなければならない。そしてXはその今現在に対して過ぎ去ったことなのだからXは今現在よりは以前なのである。こうして任意のX、つまりいかなる過去も今現在よりは以前ということになる。これと同様な考えで未来と現在との時間順序が決められてくる。

意図、予定、予期、心配等々の経験の中での未来の事件Xはそれらの経験の最中である今現在よりは以後の事件として経験されている。例えば、帰宅の遅れた子供がこれから出合うかもしれない交通事故は、その取り越し苦労の心配をしている最中の今現在よりは以後であることはまことに明々白々だろう。

こうして「今最中」の意味を「現在」に与えることによって初めて過去—現在—未来という時間順序が与えられるのである。単に一つの時刻を「今」の意味とすることではこの順序を得ることができない。その結果この過現未の順序を何か深遠で神秘的なものだと奉ることにもなるだろう。

さて以上で線型時間tの生成が完了する。すなわち、過去—現在—未来と接続する一本の時間軸の上に、過去方向を「より以前」に、未来方向を「より以後」にする時間順序で全経験のすべての事件が配列される時間である。

ただし、この線型時間tは、物理的に言えばまだ時刻の配列に止まっていて、次節でその手続きを示す時間の長さという計量を導入することによって初めて実用の時間になる。

この線型時間の生成の模様を精しく述べてきたのは、線型時間がわれわれの生々しい経験からいかに自然に、いかに素直に生成されてくるものかを示すためであった。線型時間は物理学から強制的に天下ったものでもなく、抽象的な概念装置として人工的に組立てられたものでもない。われわれの極く素朴な生活経験からまことに自然に、自発的と言ってもよいほど自然に流れ出したものである。われわれの経験の分泌物と言ってもよいほどに経験に密着したものである。

そのことを理解しない物理学者は、時に歪曲した解釈を強行して折角のものを台無しにしてしまう。その典型的な例が過去、現在、未来の意味の無残な曲解である。

実数直線で時間軸を表示する慣習から、その直線上の一点を指して「これが現在」と宣告する。そしてその現在より以前、すなわちその点の左側半直線が過去、それより以後、すなわちその点の右側が未来である。それでおしまい。このやり方を簡単に言うと、現在を時間軸上の一点として過去と未来の意味を単にその現在点との時間順序で定義しようということである。だが何よりもまず想起や意図や今最中という経験があって、過去や未来の意味やその時間順序はそれらの経験から生成してくるのである。上の心ない物理学者の解釈は、この事の次第を倒立させて肝心要めの所を塗りつぶしてしまうのである。

四　時間の計量と時刻付け

以上の手順で生成された線型時間を実際生活の実用に使用すると共に、科学的研究、例えば天文学や運動学の不可欠の概念装置にするためには、公共的な計測と計量が必要になることは当然である。そしてそれは何よりも基礎的な二つの仕事、すなわち時刻の指示方式と時間の長さの設定を果すことである。この二つの作業は別々に分けてするものではなく、長さや重さの度量と同様に、ほとんど同時に遂行されなければならない。すなわち、時刻を体系的に度盛りして命名する作業がとりも直さず時刻と時刻との間の「長さ」の設定にもなっているからである。それにもかかわらず、この不可分の作業を概念的に二つに分離して考えてみることは可能である。

まず時間の長さを度外視して時刻の度盛りだけを目的にするならば、それはすべての事件を何でもよい一つの標準的事件との同時性によって目印しをつければよい。例えばおなかのすき具合をこまかく表現できるならば、事件Ａはすき具合ａと同時であり事件Ｂはすき具合ｂと同時である、という具合にすればおなかのすき具合ａｂ……の系列が時刻の命名になる。言うまでもなくこれが腹時計による時刻である。だが腹時計でなくとも、何か連続的に変化してゆく過程があれば、それを標準として任意の事件をその標準過程と「同時性」によって対応付けることができて、立派な時刻表示が可能である。

しかし公共的に実用できるためには、まず第一にその標準過程が公共的に観測可能でなくてはならず、第二にその時刻表示による時刻の差としての時間の長さが実用に便利なものではなくてはならない。第一の公共的観測が可能なためには、おなかのすき具合のような個人的過程ではなくて、水の洩れ具合（水時計）や線香の燃え具合（線香時計）といった、どこにでもある自然現象が望ましい。そしてできるだけ広範囲の公共的観測が望ましいとなれば、標準過程の選択はしぼられてきて、天体の運動、なかんずく太陽の運動ということになる。それに月や星座の運動が補助的に加わるのも自然であろう。おまけにそれらの天体の動きが周期的であることによって時刻表示の方も年、月、日、時、分、秒、と循環的な桁で表示できて至極く便利になる。この太陽時計は日時計のように不透明体の影の動きに換算することもできるが、直接に大空の中の太陽の動きとして使われる。自分の居る場所と太陽を結ぶ長大な棒を想像する。その棒を時計の長針に見立てるならば、天空に太陽時計が描かれたことになる。誰でも好きな時に空を見上げれば、この太陽時計を見ることができる。

太陽時計の今一つの利点は、初めに挙げた実用時間第二の条件を満たしていることである。すなわち、二つの時刻の差としての時間の長さが定常的な自然現象、例えば流速が一定した水の流れの量や人間の心搏、それに歩く距離とか耕作の畝の長さのような作業量に正比例している。簡単に言えば自然と人間の作業のリズムに一致しているのである。こうして線型時間の時刻付けに太陽時計が使われるようになったのは自然の成り行きであったと言えよう。

五　歴史と科学による仕上げ

太陽時計を使う線型時間は、われわれの日常経験の中で制作され日常生活で実用されることによって数限りないテストによって試されてきた。その結果全世界のあらゆる社会でゆるぎない信頼を得て公認の公共時間となっている。だがそのような公認の時間になる過程に於て一層の補強が加えられたことを忘れてはならない。まず、個人個人の線型時間が過去と未来の方向に延長される。個人生活内部の過去事件と未来事件の配列のためだけならば、その誕生と死亡を両端とする時間軸のみが有意味なのだから、時間軸はその両端を持った有限の線分にとどまるはずである。しかし人間社会に生起する自分以外の他者の事件をもその配列に加えるには、自分の誕生以前の事件、例えば両親の誕生や、自分の死後に予期される事件、例えば子供達の結婚その他の事件を自分の生涯の事件と一緒に時間的配列に組み込むことになる。それがすなわち時間軸の過去と未来の両方向への延長に他ならない。その延長は更に社会の公共的歴史の年代記を収容することになるだろう。逆に言えば、公共的事件や私的事件の全歴史を配列するために時間軸を過去の方向に延長し、ついで不定の未来にありうべき事件を配列するために未来の方向に延長するのである。

歴史の配列からの要求の次には、科学の世界描写の要求に応えなければならない。その世界描写は少くとも可能的には果てもなく遠い過去と未来を含むはずであり、それに応えるために時間軸は過去と未来の両方向に無限に延長されることになる。

こうして今日われわれが親しんでいる無限の線型時間 t が完成する。

以上のことから明らかなことは、時間というものがわれわれ人間から独立に存立しているのではなくて、時間とはわれわれ人間が独り独り生活上の必要から制作したものだということである。人間が言語を制作し、自我の概念を制作した、というのと同じ意味で制作したのである。線型時間が過去、現在、未来という順序で接続しているのは、われわれの三種の経験である意図と想起と知覚の経験のあり方からそのように制作したのである。その線型の接続が以前以後という時間順序によって配列されているのは、われわれの経験の中での事件の間に以前以後の関係が存在していることからである。そしてその時間軸が過去と未来の方向に無限であるのは、われわれが年代記や科学の世界記述を収容するために時間軸を無限に延長したからである。こうして線型時間は徹頭徹尾われわれの意図的な制作物なのである。もちろん誰もが以上述べてきた手順で制作してきたわけではない。大部分の人は伝承されてきた制作物を引きつぐだけであろう。しかし少くともアルキメデスやガリレイ、そしてニュートンやデカルトのような人々が物体運動の描写に時間座標の無限直線を引いた時には、彼等は実は線型時間を制作していたのである。彼等の意識していたことは何か別のことであったとしても、それは心理的ニュアンスの相違に過ぎない。彼等が引いた時間座標は以上述べてきた仕方で制作された線型時間以外の何ものでもない。また時に好奇的に云々される「円環的時間」は、その本質において線型時間と同型（isomorph）であって、それ以上特別な意味などは皆無である。

線型時間が人間の制作にかかるものであることを認めるならば、例えば時間の「連続性」に関わる疑問も解消する。なぜなら、時間の連続性やそれらしいものも人間が制作したものであって、初めから線型時間に備わっていたものではないからである。物体運動や状態変化の連続的描写をおこなうために要請されるがために時間軸の連続性が制作されることになった。

こうして制作された連続性には決して安全無害の保証があるわけではなく、多少の危険がある疑いがある（例えば拙著『時間と自我』4章「刹那仮説とアキレス及び観測問題」）。しかし決定的に危険な制作がある。それは線型時間の時刻の概念に含まれている「点時刻」の概念である。

六　点時刻の病理

持続がゼロの「点時刻」という概念がどうした経路で制作されるに至ったのか、私には判然としない。恐らくは複数の事情が複合してその制作に導いたものであろうと思う。例えば太陽時計やそれに同調するように製造された各種の時計によって時刻付けをするに当って、その対応の精度を増す要請が点時刻の概念に誘導することもあったろう。その誘導を加速する事情として、有限の時間間隔（time interval）の両端を考えればそれが自ら点時刻になるということもある。更に水泳やスケート競技でゴール到着の「瞬間」をどこまでも追求することが点時刻に迫るという事情も加わるだろう。だが一層深い所で客観的世界と意識、例えば視覚風景との相関の中で、後者の経験が「一瞬」であり、その一瞬の時刻付けを追求することが点時刻に到達せざるをえないという経路もある。

このように点時刻概念の制作の事情に様々なものがあるにせよ、そのこととは無関係に、制作の結果としての点時刻という概念には人を中毒させて麻痺や混濁をひき起す猛毒が含まれている。驚くべきことに二千数百年を超える昔にいち早くそれに気付いた人々がいた。言うまでもなくギリシャのエレア派と呼ばれる一団であり、彼等の気付いたことを最も明確な表現に精練したのが他でもないゼノンの逆理の名で呼ばれる二つのパラドックスである。すなわち、飛ぶ矢のパラドックスとアキレスと亀が競走するパラドックスである。

第一の飛ぶ矢のパラドックスは周知のものだが、念のためその議論の組立てを述べよう。飛行する矢というものがあるならば、それは各時刻（点時刻！）に或る位置を通過するのだから、その位置に存在する（第一段）。その位置に存在するとは、その位置に静止していることである（第二段）。かくて矢はすべての位置で静止していることになり、すべての位置で静止している矢は飛ぶはずがない（第三段）。故に矢は飛んでいない（結論）。

この組立てから見易いように、ゼノンは弓で射ても矢は飛ばないという経験法則に反する主張をするのではなくて、およそ矢が飛ぶということは意味の上から矛盾があることを指摘しているのである。この意味論的指摘から、経験的にも矢が飛ぶことはありえないことが直ちに引き出されるが、それは「丸い四角」が意味論的矛盾であり、だから経験的にも丸い四角という形の物体はありえないと言うのと同じである。

経験的には矢でも砲弾でも飛ぶ物体はありふれているのだから、ゼノンの主張を反駁する手掛りがどこかにある筈である。私はその手掛りこそまさに点時刻の概念にあると考える。私のゼノンへの反論は大小の二論があるので、まず小論から述べよう。小反論はゼノンの議論の第三段を批判する。矢がある位置に存在することからその矢はそこで静止していると結論することは許されない。矢がその位置に存在し且つ或る運動量を持つこと、すなわち或る速度を持つことは可能であるというより当然のことである。だから第二段から第三段に移るステップを拒否できる。かくてその結論はブロックされる。

この小反論は見られる通りに小さな揚げ足取りで大した意義を持たないのに対して、大反論の方は点時刻に関するもので、その射程はずっと大きい。その反論の核心は、持続ゼロの点時刻における物の存在とか状態とかを考えたり想像したりすることはできない。だからつまり点時刻における存在とか状態とかは無意味である、ということである。

例えば或る壁が或る点時刻に赤いという状態を考える努力をしてみよう。その時刻の直前までには白かった壁が、その時刻に一瞬赤くなって直ちにまた元の白にもどる、こんなことが考えられようか。あるいはそれまでは存在しなかった陽子や電子その他の素粒子が、一瞬の点時刻に突然存在して直ちに消滅する、こんなことが考えられようか。考えられない。羊かんの切り口に食べられる羊かんがあるなどと考えられないのと同じである。存在したり状態が生起したりするには、どんなに微少ではあっても有限の持続が不可欠なのに、その持続をゼロにせよと言われてはなすすべがなくなるのは当然である。そしてどうしても考えられないことは無意味と言わねばならない。点時刻における物の存在や物の状態は思考不可能で無意味なのである。

ところがゼノンの飛ぶ矢の逆理はその前提としてこの無意味なこと、すなわち点時刻における矢の存在場所や運動状態を語っているのである。しかし、その点時刻に矢は存在する、存在しない、静止している、動いている、と言うのはすべて無意味であり、ゼノンの議論の全部が無意味命題の積み重ねなので有意味な論議に参入できないのである。

しかしこの私の反論は風呂の水と一緒に赤ん坊も流した恐れがある。確かにこの反論によってゼノンの結論「矢は飛ばない」を一蹴することはできた。しかしそれと一緒に「矢は飛ぶ」という健全な命題も無意味にしてしまいはしないか。なぜなら、すべての点時刻で矢が動いている、ということもまた無意味になるからである。だが問題は遙かに広い。現代科学の根本には、すべての物理量を線型時間 t の関数として表現するということがある。しかしそれは t 上の各点時刻での物理量がどう変化するかということであって、点時刻における物の存在と状態が無意味だという上の反論が正しければ、現代科学は無意味な表現の上に建てられているということになる。

それを説明するに足る明確な理由を今の所思い浮べることができないので、ただ応急的な思案を述べるしかない。

それは、点時刻を時刻とする線型時間は理想気体と同様に理想化された時間であって、実験や観察の中で実際に使用される実用時間とは別物だと考えることである。その実用時間での時刻測定では、例えば自由落下物体の落下距離にしろ、スケート競技の記録時間にせよ、点時刻の精度に到達することはありえない。したがって理想時間の関数としての物理量は無意味であっても、実用時間のファジーな関数としての物理量は十分有意味であって測定可能なのであ

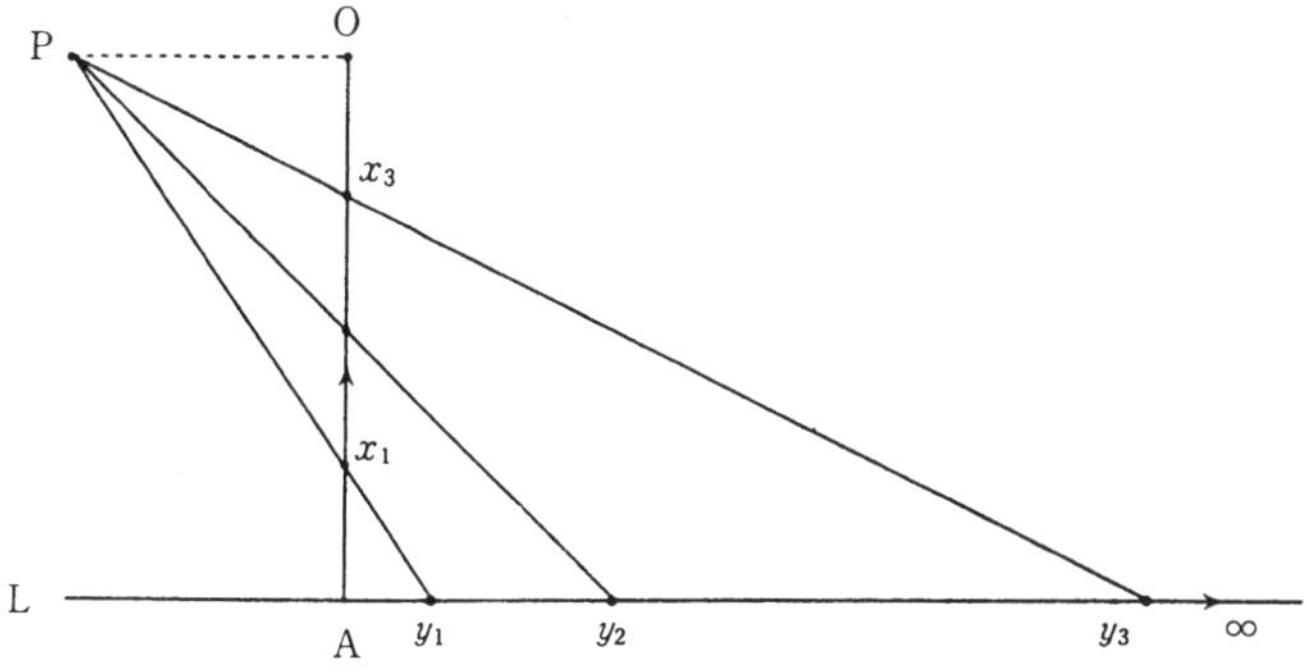

る。繰り返すが、これはあくまで一時しのぎの応急思案であって、本格的説明が判明するまでの代行であるにとどまる。

飛ぶ矢の逆理が点時刻に関するのに対して、アキレスと亀の逆理での点時刻の関わりはわき役であって、主役は幾何学的点、つまり拡がりがないと定義された幾何学の点である。

アキレスと亀の逆理を単純化するには、亀を原点とする座標をとればよい。するとその座標系では、アキレスは或る出発点から原点Oに向けて走ることになって、亀に追付けないことはOに到達できないことになる。するとこの逆理はいかなる出発点からもOに到達できないということになり、運動の不可能性の主張が一段と明確になる。ゼノン自身の二分法といわれる逆理もこれと同様に運動の不可能が端的に主張されている。この二つの主張の共通の根源は、次々と無限箇数の点を通過し終えるということは無限の意味によって不可能ということであって、時々誤解されているように無限の時間がかかるということではない。

この点を明確にするために、カントールがその集合論の中で有限線分上の点の濃度が可算無限であることを示す論法をアキレスの逆説として転用してみよう。前頁図でAからOへの運動を考えるが、その次々の通過点x_1 x_2 x_3……に対して一つの固定点Pから線を引き、その線の延長が無限水平線Lと交わる点をy_1 y_2 y_3……とする。カントールはこうして有限の線分AO上の点の集合が無限半直線L上の点集合と一―一対応することでその濃度が等しいことを示した。*だがここではその一―一対応を転用してx_1 x_2 x_3……という運動に対してy_1 y_2 y_3……という運動を構成する。x_iとy_iとの対応はそれらを綱で結んでもよし単にルールとしてもよい。するといずれにせよx_1 x_2 x_3……という運動が可能ならば、それに対するy_1 y_2 y_3……というL上の運動も可能となる。ところがそれは無限半直線を通過する運動だから不可能である。したがってx_1 x_2 x_3……すなわちAからOへの有限距離の運動も不可能となる。こうすれば運動の不可能の理由が「無限箇の点の通過の完了」であることがはっきりする。

こうしてアキレスと亀の逆理の核心は、無限という概念を使用して運動の不可能を言うことなのである。

しかし、無限の概念とは独立に、幾何学図形の運動が矛盾を含むことを示すことができる。

幾何図形の運動は必らずその図形上の点の運動を伴なうのだから、幾何学的点の運動の矛盾を言えばよい。

さて、点Pが点Aの位置から点Bの位置に動くと考えてみる。だが点Pが点Aの位置にあるとは点Pと点Aが同一だということに他ならない。拡がりのない幾何学的点に与えられた意味からしてそれは避けられない。それと同様に、この運動の終りでは点Pは点Bと同一である。AとBとは異なる点であるのに点Pは点Aと同一で且つ点Bとも同一、これは明白な矛盾である。幾何学的点の運動とは矛盾なのであり、従って幾何学の図形の運動も矛盾なのである。幾何学に登場する軌跡だとか三角形の移動による合同だとかはすべてみせかけのもので、幾何学には運動の概念は存在しない（本書第2章）。

誰の眼にも明らかに運動と時間は双生児と言ってよいほどに密接な関係がある。アリストテレスは時間を運動と同一視さえしたのではなかったか。だから一旦「点時刻」の概念が形成されると、その点時刻の運動を考えないではいられなかった。しかし上に述べたように、それは矛盾の陥穽に一直線に落ち込むことなのである。その陥穽は二重底になっていて、上は

＊　これと全く同じ図をパスカルが「幾何学的精神について」という小論で考案しているそうである。

点運動の穽で、その下にアキレスの逆理の穽がある。なぜなら、有限距離の運動は点時刻の系列$t_1 t_2 t_3$……に対して運動位置$x_1 x_2 x_3$……を考えてその$x_1 x_2 x_3$……の無限系列を$t_1 t_2 t_3$……に次々と通過して完了すると考えざるをえず、かくしてアキレスと亀の逆理の本質である「無限ステップの完了」という矛盾、つまり「限りないステップの終了」という無限概念に関する矛盾に導かれざるをえないからである。更に、点時刻の概念からは、その点時刻における物理量、つまり点時刻の関数としての物理量という自然科学の根本形式の一つが生れざるをえず、それが飛ぶ矢の逆理に遭遇することになる。エレア派、特にゼノンの炯眼は遠い昔に既にそれを見抜いていて、節穴同然の眼しか持たないわれわれにもそれが見えるように適確なパラドックスを作成して警告を発したのである。ゼノンのこの先見の達見は驚くべきものであるが、更に驚くのはこのゼノンのメッセージが二千年の余の間解読されぬまま無視されてきたことである。私が以上で述べてきたことはほんの端著に過ぎず、確定的な解読に至るにはまだ多数の人の努力が必要であろう。

とにかく現在の所、逆説や矛盾を引きおこす原因は点時刻の概念であることに間違いはないものと思われる。

しかし、点時刻の概念は現代科学の根底としてその心臓部に食い入っている。それなのに、ここ数世紀の科学の発展の中で逆説や矛盾から当然期待される不都合が一度も生じたことがないのは一体どうしてだろうか。あるいは私が述べた逆説や矛盾は亡霊の影を見誤ったのではあるまいか。

いや、現代科学は幸いにも点時刻概念の働きをそれと気付かないで遮断してきたことによって不都合を免れてきたのだと私には思われる。では一体どんな免疫作用が働いたというのか。第一に、科学は幾何図形や点の運動をフルに使用することを避けてきている。例えば太陽の周りの惑星の公転運動を表現する時に、太陽点を中心とする楕円軌道を描いてそれを惑星点の運動とするだろう。しかしその楕円は運動の軌跡を表示するだけで運動そのものを表現しない。運動を表現するには映画やビデオや小型模型といったそれ自身動くものが必要であって、楕円の静止図では運動を表現できない。アキレスの逆理についてベルグソンは運動そのものを運動の軌跡と取り違えるのが誤りの原因だと書いたが、実は科学はその取り違え（ベルグソンの言う時間の空間化）を回避しているのである。楕円の上の惑星点の運動については科学はただ口頭で「その上を動く」と言って後はそれを数学化するだけなのである。* だから点運動の矛盾が

＊　ベルグソンが誤りの原因とする「分割不可能な運動自身をその通過軌跡の分割と取り違える」ことがここで自動的に回避されている。

表面化することはない。また楕円の有限弧上の運動を x_1 x_2 x_3……という無限ステップの進行とすることはなくて、一挙に $x=f(t)$ という関数表現にとどめておくのでアキレス型の逆理が発症しないですんでいるのである。

科学はこうして点運動や幾何図形運動の内部に触れるのを避けてその外面だけを注意深くそっと扱うことで地雷を踏まないですんでいる。

一方、$x=f(t)$ のような時間の変数としての物理量を表現する時には、科学者は時間 t を点時刻だと考えていることは否定できない。しかし飛ぶ矢の逆理の際に述べた応急対策がここで働いているように思われる。すなわち、科学が実験室やフィールドで実際に使う時間は大量生産の時計の指示時間であって、原子時計その他の工夫をいくら重ねてもその精度が持続ゼロの点時刻になることは決してない。物理量を時間の関数とする時の時間は、この実用時間を理想化または極限化したものと考える（それと共に実用物差しや実用秤りを理想化したものが長さと重さの点度盛である）。この理想化された時間、というよりは理想化された時刻付けは、理想気体や電磁場や各種素粒子と共に理論概念として考えるべきである。これと共に、その点時刻における物理量もまた理論概念だと考えることになる。

点時刻付けの線型時間が理論概念であることは、物理学においてこの線型時間 t が導入される仕方からも確認できる。物理学がその初期に使用した線型時間は、太陽時計や心搏、そしてガリレイ伝説にあるシャンデリヤの揺れのような振子時計であった。しかしそれらの実用時計の精度が問題となり、現在は周知のように原子時計が基準とされている。ではその精度を云々して時々一秒前後の補正が全世界的になされる時の「正しい時刻」や「正しい一秒」は何によって定められるのか。私はそれは物理学の基礎方程式によってである、と考える（拙著『時間と自我』「観測者は邪魔者?」）。古典物理では時間tはニュートンの運動方程式が成り立つように、例えばそれからの演繹の結果である振子の等時性が成り立つように定めたから振子時計が「正しい時間」とされた。そして現在は原子時計が基準になるのは、量子力学の諸法則が成り立つように、例えばセシウムのスペクトルの値と一致するように原子時計が時を刻むからである。そしてその原子時計と比較すれば振子時計や太陽時計はもはや等時的とは言えなくなるのでその誤差を補正するのである。こうして「正しい線型時間」は物理学の基礎理論に適合するように導入されるのだから、そうして導入された時間が理論概念であるのはむしろ当然なのである。またこのことは、線型時間は人間が制作したものであることを一段と鮮明に示している。

こうして制作された線型時間は、残念ながら安全性に欠ける所がある。点時刻の概念が、油断をすると矛盾やゼノンの逆理に引き込む危険があるからである。河豚を食べるには肝や卵巣を注意深く避けねば危険なように、点時刻の概念に細心な注意を怠らずに線型時間を使用してきた現代科学は、今後もさして気をとめずにその態度を保ってゆくだろう。科学に代って見張り役を務めるのが哲学であろう。幸か不幸か哲学には十分過ぎる暇があるので、ゼノン伝来の見張りを喜んで引き受けるだろう。

七　時の流れと点時刻

点時刻という概念が故障を引きおこすのは科学の領域だけのことではなく、日常的時間にさえ捩れをもたらしている。例えば「時間の流れ」という古今東西にわたって普遍的とさえ言える観念の底にあるのは、点時刻が時間軸の上を動くという危険な描像ではないだろうか。それは幾何学的点の運動という先に述べた矛盾に対応する矛盾を含んだ描像なのである。点時刻tが時間軸上の時刻Aから時刻Bに動くとしよう。tが始めA点にあるということは、時刻tが時刻A（例えば二時五分過ぎ）に等しいことであり、それがBに達するとはtが時刻B（例えば二時一〇分）に等しいということになるが、これは時刻Aと時刻Bが等しい、二時五分イコール二時一〇分という矛盾を意味することになる。点時刻が動くということは、幾何学点の運動と同様に矛盾なのである。この故にマクタガートが述べた時間軸上を今という現在時刻が動くという時の流れの素朴なモデルも当然矛盾を含むことになる。

だがでは殆んどの人が抱いている「時間の流れ」とは何を意味しているのだろう。いや一体何かを意味できるのだろうか。

もちろん誰も何か「時間」という抽象的なものが流れたり動いたりしているとは思っていないだろう。恐らくは幾つかのことが集って「時間の流れ」という言葉を招きよせているのだろう。その一つは万物流転《バンタレイ》と言われる事の変化と経験の移り行きだろう。そういう事や経験の変化の方向が時間的な以前から以後であるために、時間の動きの幻影を生むのだろう。それに「時の経過」と呼びたい経験がある。まだこぬ人を待っている時、踏切りの棒が上るのを今か今かと待つ時、また試験の答案が進行しないで終了時間が気になる時、こういう時には確かに「時が経つ」のを経験する。しかしその「時の経過」の経験とは、実は単に「時間間隔」(時間の長さ)の単調増大の経験に過ぎないのではあるまいか。待ち始めや答案の書き始めから現在に至るまでの経過時間が刻々と単調増大していることの経験ではなかろうか。この経験は現在時刻が刻々と先に進むことであり(事実いらいらと時計を見るだろう)、それが今という現在時刻が次々に動いてゆくという誤った印象、すなわちあの点時刻の運動という矛盾観念に人を誘導して「時の流れ」と口走ることになるのではないだろうか。こうして「時間の流れ」という恐らくは縄文以来の誤謬観念が人を呪縛してきたのだと思われる。しかし、かくも古い伝統を持ち無数の深い感慨や感傷で彩どられてきた「時の流れ」は、やはり点時刻という矛盾概念とつながった空虚で無意味な観念であると言わねばならない。そのことを確認することは、点時刻の激烈な発癌性をいくらかでも予防的に抑制することであり、人類の見事な制作物である線型時間を防護することになるだろう。

2 幾何学と運動

アキレス問題の解消

経験とは独立に真である分析判断と、その真理性が経験によって判定される総合判断、カントのこの有名な分類に抵抗するのが幾何学である。古くから論証科学の範とされてきた幾何学の定理は論証によって真となる点で明白に分析判断である。だがそれにもかかわらず経験的な計測によって真となるようにも思えるのである。この中途半端な中有的状態がきちんと整理されるのは、私が標準解釈と後に名付ける一つの幾何学観が確立されるのを待たねばならなかった。そしてこの幾何学観の源ともなり根拠ともなった二つの事件がある。その一つは非ユークリッド幾何学の成立であり、今一つはヒルベルトによるユークリッド幾何学の公理化であった。これらの事件によって、幾何学は経験とは全く関わりのない純粋な記号的論理体系であるという解釈が生れた。だがそれと共に、その記号体系に或る経験的意味付けを与えることによって経験的幾何学が生じる、と考えられたのである。こうして、分析判断からなる純粋記号系としての幾何学、一方には総合判断としての経験幾何学、というカントの分析─総合の分割に合致して巧みに役割分担をわりふるのが二〇世紀の初めから現代まで一般に流通している幾何学の標準解釈なのである。

しかし、この現代公認の標準解釈には私は満足できない。というのは、この解釈の前半である記号体系としての幾何学は、記号系ではあってもユークリッド『原論』が意図した幾何学ではなく、それを中学で教えられてわれわれが理解した幾何学でもないことが明らかだからである。そして恐らくカントが念頭にしていた幾何学でもないだろう。要するに、それは幾何学ではないのである。われわれが知る初等的な幾何学とは何よりもまず図形の学である。ユークリッドによる「幅のない線」や「拡りのない点」といった基本図形を元にして組立てられた図形の学*なのである。

そこで以下において私が意図することは、現代公認の標準解釈に修正を加えて、図形の学としての幾何学により適合した「重ね描き」解釈という解釈を提案し、それを弁護することであ

＊　ストローソンはこれを「現象的幾何学」と名付けた（『意味の限界、純粋理性批判論考』熊谷他訳、勁草書房、一九八七年、三三五頁以下）。この命名は最悪だと思う。私は「図形幾何学」と呼びたい。

る。この「重ね描き」は従来私が主として心身関係に使用してきた概念であるが、それをここでは物理的対象に幾何図形を重ね描くという形で使用することになるだろう。

この「重ね描き」解釈という幾何学観を前提にすれば、「空間とは何か」というあの返答に困惑する問にもいくらか確信ある答を与えることができるだろう。

だが私の本当の目標は幾何学や空間を超えた向うにある。アキレスと亀と呼ばれるゼノンの難攻不落に見えるパラドックスが私の狙いである。このパラドックスの核心がどこにあるかを随分長い間手探りしてきたが、今やっと見出したと思う。その核心は、アキレスと亀の運動が二つの幾何図形の運動として表現されている点にある、と思うのである。だが、幾何図形の運動の基本である「点運動」とは、実は矛盾を内含していることを示すことができる。だとすればアキレスと亀のパラドックスの叙述には矛盾が含まれていることになる。そして矛盾を含んでいる陳述は無意味とまでは言えないにせよ無効であることは確かだろう。こうしてこのパラドックスを解消する、それがこの小論の一番の狙いなのである。

一　幅のない線を「思い描く」

幾何学の基本的性格に着目するには、ユークリッド『原論』の図形の定義にまさるものはない。「幅のない線」や「拡りのない点」をわれわれが了解するその了解の仕方が幾何学の本質をまざまざと見せてくれるのである。幅のない線とか拡りのない点などをわれわれが見たり触れたりして知覚できるわけがないのは当然である。他方われわれに知覚できる白墨で描かれた線や点からなる図形、例えば三角形には幾何学の定理、例えばその内角の和が二直角という定理が厳密に成り立っていないことは実測してみればすぐわかることである。第一に、定規や物指しをぴったり当てることができないだろう。このことから前世紀から現在まで一つの標準的解釈が通用することになった。すなわち、線とか点その他の名辞は「線上にある」「二線が交わる」といった基本述語と共に何の意味もあらかじめ与えられていない未定義概念《プリミティブ》であって、それらの未定義概念の間に成り立つ関係を段階的に枚挙したものが例えばヒルベルトによって構成されたユークリッド幾何学の公理系である。この公理系によって未定義概念に言わば構文論的《シンタクティク》な意味が与えられ、それによって無数の定理が厳密に論理的に成り立つ。簡単に言えばユークリッド幾何学は純粋記号体系なのである。だからその純粋記号でありまだ特定の定義を与えられていない線や点に、われわれは好むままの定義をのちほど与える余地がある。そこで直線に光路や張り糸、点にそれらの交わりの微小区域といった経験的定義を与えて経験幾何学を構成できる。この経験幾何学ではしかし公理や定理は厳密に成り立つことはない。それが成り立つか否かは測量道具等を使って実測する他はない。無数の実測からわれわれの生活空間では純粋記号体系としてのユークリッド幾何学を源にした経験幾何学がほぼ近似的に成り立っていることがわかる。しかし宇宙空間の恒星を頂点にした巨大な三角形では内角の和は近似的にも二直角にならない。そこではむしろ非ユークリッド幾何学に定義を与えた経験幾何学が近似的に成り立つ。

以上が標準的解釈をざっと述べたものである。その大きな特徴の一つは、非ユークリッド幾何学の可能性を説明したことであろう。この標準的解釈は幾何学の本質を鋭くついた優れた解釈ではあるが、現在ではいささか教科書風に古びたものになった上に、元々見逃すことのできない欠陥を持っている。その欠陥とは、ユークリッドの時代の人々は彼自身を含めて幾何学を純粋記号体系とは考えていなかったろうし、また現代のわれわれもそのようにとってはいない、その点で標準的解釈は現実の幾何学理解から離れ過ぎているということである。更に経験幾何学において直線に光路や張り糸という解釈を与える場合に、全く気まぐれに光路や張り糸を選んだのではなく、光路や張り糸が近似的に直線に見えるからそうするのである。だが近似的にでも直線に見えるからには「直線」ということの了解が前以てあったはずである。その直線の了解とはまさに「幅のない線」の了解を含んでいたはずである。このことはわれわれがユークリッド幾何学を理解するときに線や点を未定義な純粋記号としてではなく公理系を満たす最も単純な図形、つまり幅のない線として了解していることを示している。このことを糸口にして進むことによって、標準的解釈の代りに私が「重ね描き解釈」と呼ぶ新しい解釈に到達する。

先に述べたように、幅のない線や拡りのない点を知覚することはできない。しかし思考すること、思うことはできる。そう、われわれはそれらを思うことによって経験もし了解もしているのである。ではそんな線や点を一体どこに思っているというのか。黒板に白墨で描かれた線、紙の上のインクの線、あるいは家具の縁《ふち》といった知覚される多少なりとも幅のある線に沿って、思っている。つまり知覚可能な線や点の上に重ねて知覚不可能な幅のない線や拡りのない点を思うのである。だが知覚される点や線には多少なりとも拡りや幅があるのだから、それらの上に幅のない線や拡りのない点を正確に位置決めすることはできない。そこに或る程度の曖昧さと任意性が入るのは避けられない。だがその曖昧な任意性は実際問題としては障害にはならない。知覚された小区域の上に任意に一つの拡りのない点を思う、そこから知覚された幅のある線の内部の任意の場所に幅のない線を思う、それで十分なのである。それはやってみるまでもない。幾何学を勉強した人ならば誰でもそうやってきたはずである。紙の上にインクで図形を描き、その見えている黒い図形の上で幾何学の問題を考えたはずである。つまり誰もが知覚可能な図形や形態の上に重ねて幾何学の図形を思い描く、それがわれわれが幾何学を了解する仕方なのである。この了解様式の中に幾何学と経験との関係が内蔵されている。その関係とは、経験と幾何学の「重ね描き」に他ならない。この重ね描きによって幾何学の諸定理はそのまま経験的事物の上に成り立っていて、経験的実測はそれらの諸定理に収斂*すること、従って当然それら実測の間に幾何学の諸定理が近似的に成り立つことが与え保証されている。あの標準的解釈での幾何学と経験との関係が純粋記号体系の光路その他による経験的解釈、という形式的で疎遠な関係であったのに較べてみれば、この重ね描き解釈での上述の関係は遥かに直接的で密着的であり、日常生活での幾何学の適用の実際そのものを表現していることは一目瞭然であろう。

では標準的解釈が見事に収容に成功した非ユークリッド幾何学を重ね描き解釈はどう取り込めるのか。それは難しいことではない。ユークリッドの幅のない直線を思い描くのと全く同様に、非ユークリッドの幅のない直線を思い描くことができる。どのように思い描くかは非ユークリッド幾何学を十分に学習してその理解に成功したときにのみ知ることができる。例えば二次元球面の上でならば中心を含む平面でその球面を切る大円を思い描けばよいのである。そうした非ユークリッドの三つの直線からなる非ユークリッド三角形にはもちろん非ユークリッド幾何学の定理が厳密に成り立つのであって、例えばその内角の和は二直角より大きい（あるいは小さい）。そしてこの思い描かれた非ユークリッド三角形に重なる知覚可能な三角形（その三辺は光路である）の内角の和を実測すれば、その結果は非ユークリッド幾何学の定理に無限に近似することは、例えばシュバルツバルトによる天文学的観測によって実証されている。

このことは標準的解釈に誤って誘導されてきた一つの誤解の訂正を要求することになる。その誤解とは、ユークリッド的であったり非ユークリッド的であったりするのはあれこれの空間だという考えである。私の提案した重ね描き解釈では、空間ではなくして直線だとか三角形だとかの図形がユークリッド的、非ユークリッド的なのである。ユークリッド直線も非ユークリッド直線も共に同一の空間、すなわちわれわれが毎日生きているこの生活空間の中に思い描

* かつてホワイトヘッドはこの収斂を extentional abstraction と呼んで「幅のない線」の経験的定義とした。

かれるのであって、この生活空間あるいはその拡大である天文学的宇宙空間はユークリッド的でも非ユークリッド的でもない。そういうことは自然数が赤いとか青いとかいうのと同じく形容矛盾であり無意味なのである。

この形容矛盾の誤解に連動している今一つの誤解も訂正しなければならない。それは、幾何学が成り立つのは経験的な生活空間とは別な純粋に形式的な幾何空間とも言うべき空間であり、その純粋幾何空間で成り立つ幾何学が、標準的解釈が示す経験的解釈付けによって言わば生活空間に転調される、というものである。カントの純粋空間直観やフッセルの理念化《イデアチオン》の強調(『幾何学の起源』『ヨーロッパ諸学の危機と超越論的現象学』)にもこの誤解につながる素地が見える。もちろん、幾何学、ユークリッドであれ非ユークリッドであれ幾何学が成立するのは、形式的記号体系でもなければ幾何学用にわざわざ仕立てられた特別誂えの空間ではなく、われわれが現に息しているこの生活空間なのである。この生活空間の中にわれわれ、そしてユークリッドやリーマン、ロバチェフスキーといった幾何学者が様々な図形を自由に思い描く、それらの図形について成り立つ無数の命題を演繹的に整理再構成した公理系が幾何学なのである。

二　三次元無限空間の生成

では幾何図形が思い描かれる空間そのものの了解はどのようにして生成されたのだろうか。われわれが現在了解している三次元無限空間の了解の端緒が、私の身辺を包んでいる私の近傍知覚空間であることはまず間違いはあるまい。この私の近傍知覚空間の中で、私はタテヨコの長さや奥行き、それに前後左右の四方八方といった方角等を視覚触覚聴覚を主とし味覚と嗅覚を従としながら知覚する。* それに加えて坐臥歩行等の身体運動の運動が知覚されるのもこのプライベートな小空間である。

この私の身辺を包む近傍知覚空間が三次元無限大の公共空間に拡大されるのは、宇宙論のビッグバンにも匹敵する電光一閃一挙に遂行される知のビッグバンである。この知的ビッグバンの中核は、ありふれた事物の三次元立体性である。机や椅子が見えているとき、今知覚されているのは特定の視点からの知覚正面（perceptual facade）だけである。しかしその知覚正面

* 熱帯雨林に侵入した原猿類が獲得した高度の視覚に始まった数千万年の生活の結果である。

は、立体的事物としての机や椅子の正面として見えている。つまり、知覚正面の了解の中には、三次元立体の了解が内蔵されている。だが、三次元立体の了解とは、その事物が現在とは異なる様々な視点からどのような姿に見えるか、つまりどのような知覚正面を持つかを了解していることに他ならない。立体のこの無数の視点からの無数の知覚正面の集合を、その立体の知覚多面体と呼びたい。知覚多面体の一番簡単化されたものが、設計図の正面側面上面からなる三面体である。この設計図の場合からも理解されるように、知覚多面体には当然切断面で示される内部の知覚正面も含まれる。ところが、机や椅子が立体として見える、つまり知覚多面体が了解されることは、すなわち机や椅子を包む空間が了解されることであり、その机や椅子を包む空間は、私の身辺を包む近傍知覚空間に接続する領域として了解される。近傍知覚空間が拡大されたのである。この拡大はやがて、遠い山や高い空や遙かな海、と立体事物が広大な風景になってゆくにつれて広大な空間に拡がってゆく。近傍知覚空間のこの拡大によって、あちこちに散在する人間と動物という他者はこの拡大空間に包まれてゆくことになる。そして、彼等それぞれの拡大近傍空間との間主観的合致がはかられる。つまり、この拡大は公共空間への拡大なのである。だがこの空間の拡大が無限空間に拡大するためには、視覚ではなくして聴覚が大きく寄与するものと思われる。眼を閉じて何かの音、遠くの自動車のエンジンのうなり、人の話声、波の音、ピアノやバイオリン、何でもいい何かの音に耳をすませるとき、それらの音は空間のどこか或る場所で鳴る、あるいは空間の一つの場所が鳴るものとして知覚されるだろう。この音景《サウンドスケープ》と呼べる聴覚的な音空間こそ、空間の無限性の原型ではないだろうか。この音空間では、位置は視覚空間に較べて不明瞭であるが、方角は鮮明である。だが何よりもその無限性が際立っている。だからこそ音楽的感動には何か無限への憧憬といったものが基底にあるのではなかろうか。この聴覚的な無限空間はそのまま日本語で言う「虚空《こくう》」そのものであるが、近傍知覚空間が次々とより広大な公共空間に拡大されてゆきながら、始めはただ遠望するだけにとどまったこの虚空にやがて到着するに至って、その拡大は終了する。そのとき出現するのが、われわれに親しい物理学の三次元無限空間としての公共空間なのである。

近傍知覚空間からこの三次元無限空間への拡大のバネになった事物の立体性の了解にはまた、近傍時間から公共的無限時間への延長が伴っている。立体的事物としての机や椅子の了解とは、とりもなおさず机や椅子の持続的存在の了解である。机は持続的存在として知覚されるが、それは、大分以前の過去からそこに存在してきたし、またこれからしばらくは存在し続けるだろうという持続的存在の了解である。つまり、しばしの過去・現在・未来という時間了解が、立体的事物の持続的存在の中に内含されているのである。極言すれば、物の持続的存在こそ原始的時間そのものであって、道元が『正法眼蔵』で「有時」と呼んだのはこのことであったのではなかろうか（前章第一節）。このしばしの時間と先の近傍知覚空間とが合併して、身辺のあれこれの立体事物の集まりである近傍事物空間の了解ができあがる。更に、以上述べてきた近傍知覚空間から出発して三次元無限空間への拡大に伴って公共的無限時間への延長が遂行される。時間のこの延長をうながすのは恐らく共同生活の中での過去や未来の語りであろうと思うが、ここでは立ち入らない（前章）。とにかく身辺の近傍時間が過去や未来を語る共同生活の中で延長されていって、やがて現在のわれわれが持っている一次元無限時間の了解が生成される。

以上長々と述べてきたように、公共的空間としての三次元無限空間と、一次元無限時間の形成は、意味論的には同時であり、更に公共的客観世界としての立体事物の世界の了解とも意味論的に同時である。この時間、空間、立体的物体、という三位一体的な同時生成が始めにビッグバンと呼んだものであり、ここに至っては意味論的ビッグバンとも呼ぶべきものなのである。

そして幾何図形が思い描かれる空間とは、こうして生成してきた三次元無限空間であり、それはまた現在只今われわれが生きて呼吸している生活空間に他ならない。

三　空間と幾何学

「xとは何か?」と嘆息めいた性急さで問われる問の一つに「空間とは何か」がある。こういう単純すぎる問にひきずられて一息で答えようとするのは誤りである。そうした答の一つの典型に、空間とは物体を容れる空の容器（empty box）であるといういわゆる空箱セオリーがある。この空箱の考えにも一片の真理がある、と言うべきだろうか。空間は物体の容器であるという考えがどこから出てくるかを考えみれば、その出どころの方は案外まともなのである。空間の或る領域をとってみれば、そこに物体を好むままに出し入れできて、その際空間領域の方はそのままで何らの変化も蒙らない、このことは確かに真理である。このことを多少言い換えると、空間の持つ性質は物体の存在から独立して無関係に述べ得る、ということになろう。

物体存在とは無関係に空間の性質を述べる、それがまさに幾何学がしていることなのである。物体がそこに存在しようとしまいとそれを一切無視して空間に様々な図形を思い描くことによって空間を語る、というのが幾何学の作業だからである。第一節ではそこに存在する机や椅子のような物体の輪廓に沿って幅のない線を思い描くと述べたが、それは幾何学の経験への適用を説明するためだった。空間に図形を思い描くのは、何もこのように物体を目印にしてそれをなぞる仕方に限らない。物体とは無関係な虚空の中に図形を自由自在に思い描くこともできる。ピカソやブラックのキュズムの絵で机やバイオリンを遠慮もなく横切って描かれる線は珍しくない（本書第4章）。事実、われわれに親しい幾何学の公理や定理は、空間の任意の場所に思い描いた図形についてのものなのである。そのことを明瞭に示すのが幾何学における点や線の同一性である。樹木という物体のこずえの先端に重ねて思い描かれた幾何学の点の同一性を支えるのは、その目印になった樹木のこずえである。しかし物体のない虚空の任意の場所に思い描かれた点の同一性を保証するものは何であろうか。それは他でもない、その点を思い描いた人間の意図である。任意の一点をとってそれをAとする。こう言うこと、こう宣言することによって、そこから始まる証明の中でのその点Aの同一性は保証されるのである。以後そのA点は他の任意に、しかしAと異なるとして思い描かれ宣言された点のすべてとは異なる点であり続ける。

このようにして空間の任意の場所に思い描かれた図形に成り立つ無数の定理は、当然空間全域のどこでも成り立つ。その意味で空間は基本的に等質的である。

空間に様々な図形を思い描くということは、実は空間に切れ目を入れることではなかろうか。

一つの平面を思い描くことは無限空間を二つの領域に分割することであるが、どんな立体図形を思い描いても空間はその表面によって内と外に分割される。そして、平面図形はその平面を二分する。そしてこの内外への分割は既に立体的事物の存在の知覚において果たされている。山川草木や天と地と海、それに家や様々な家具や器具、これらの立体的事物を見ることは、空間に入れられた切れ目を見ることではあるまいか。そして空間に入れられたこのような切れ目を見るとは、実は空間の内部を見ることではないだろうか。都市や建築物の内部とは壁や床で仕きられた内部であり、その内部をわれわれはエンジンの切断面でその内部を見ると全く同様に、幾つかの切れ目を入れて見ているのではないか。幾何図形を思い描くのは、物体によってたまたま与えられた切断面から離れて虚空の中に自由に切断面を思い描くことなのである。その切断面によって空間の内部を思い描くことなのである。この、自由に空間内部を思い描くという幾何学の働きと同じ働きを、造形美術は立体的物体を彫刻したりそれをキャンバスの上に描写することで果している。絵画は自然に存在する物体の描写においても時にその幾何学的構造を色彩を使って塗りわけるし（セザンヌ）、その自然物の自然の輪廓とは異なる切断面を入れる。机やバイオリンや食卓が自由自在に切断されて描かれる（ブラック）。抽象画家はやがて幾何学と同様に自由な切断面を創造するに至る。ミロ、カンディンスキー、モンドリアンの描く絵を見れば、それらが幾何図形とほとんど同様な切れ目を空間に思い描いていることを見てとるのは難しくない。フェルナン・レジェが自ら「形態のコントラスト」と呼んで描くタブローはまさに幾何学ではないか。一方彫刻家は、自由な立体図形を制作することで空間の切断面を提示する。人体という立体物から出発しても、やがてそれを自由に変形することで空間の新しい切断面を制作する。そのことを例えばシーガルの、街頭の人々そっくりの石膏像（軽井沢セゾン美術館）が教えてくれる。現実の人間から他の属性を一切漂白してただ物体としての形態を残すことで空間の切断面を強調するからである。あるいはセーヌ川の橋や建築物を巨大な布で蔽うクリストの一見奇矯な作品も、空間の思いもかけぬ新しい切断面を呈示する試みと見れば理解できよう。他方、リボン状の布を捩って作るメービウス面は、幾何図形でもあれば現代的オブジェでもある。幾何学と造形美術は空間の切断面を提示するという点では同一の作業なのであり、この点はコンピューターグラフィクスの進歩でますます鮮かになってくるだろう。

こうして幾何学の本性は造形美術とは全く異なる仕方で、しかしそれと共通の意図から空間に切れ目を入れて空間の内部構造を示現することにある。

ここに至って初めて最初の短兵急な「空間とは何か」という問に適切な仕方で答えることが

できる。「時間とは何か」、「自我とは何か」という問の場合と同様に、この問に一息で答えるのは間違っている。これらの問には長大な陳述が必要なのである。幾何学や造形美術がそれぞれの仕方で蓄積してきた開示のすべてを含んだ長大な陳述の集合が初めて空間の何たるかを示すからである。空間は物体を容れる空箱だ、という短かすぎる即席の答は、正当な答に含まれるただ一項の孤立した陳述でしかありえない。その答は誤っているわけではない。ただ短か過ぎるのである。

空間を以上の長々しい陳述の意味で了解した上で、この空間の中の運動を検討してみよう。

四　幾何学の図形の運動は矛盾

空間の中の運動として机や椅子といった物体の運動を考えるならば、そこに何の問題もない。しかし、ゼノンの有名なアキレスと亀のパラドックスの病因だと思われる図形の運動ということになると話は別である。以下に検討するように、幾何図形の運動には矛盾が内含されている恐れがあるからである。

だが即座に異議が申し立てられよう。幾何学では図形運動としての軌跡というものが考えられているが、そこに矛盾の影など全くないではないか、という異議である。確かに幾何学の教科書には必ず軌跡が論じられており、それらは学校で教えられてきたが、今まで何の不都合がおきたこともない。

しかしそれは軌跡という概念には図形、例えば点の運動の概念が含まれてはいないからである。軌跡を何か点の運動のように思わせる叙述があるが、それは見せかけであって、点の運動を含まないように言い直せるのである。

そのことを最も単純化した軌跡の例で示してみよう。無限直線Lの外に一点Oが与えられている、点AをLの上に取ってAOを結び、それを延長して$\overline{AO}$と等しい長さになる$\overline{OB}$を定める。今AがL上を動くときBの軌跡はLに平行な直線となる。ここで「AがL上を動く」という叙述は一見点運動の記述にみえるが、それは表面だけのことであって、それを消去して内容を損なわずに言い換えることは何でもない。「点Aを任意にL上にとるときそれに対するBはすべてLに平行な直線の上にある」と言い換えればよい。より複雑な軌跡の場合でもすべてこの単純な例と同様に点運動を含まない言い換えで置換できるのである。こうして軌跡の概念には実は図形運動の概念は全く含まれていないのである。幾何学にはかくして運動は含まれていない。いや、幾何学の中で点運動を考えるならば矛盾が生じるのである。図形運動の基礎である点運動を仮に考えてみよう。

例えば今、点Xが点Aから点Bに動く、と考えてみる。だが点Xが点Aにあるということは点Xが点Aと同一の点だということに他ならない。すると当然、点Xが今度は点Bにあるということは点Xが点Bと同一ということである。するとXがAからBに動くということはAと同一であった点Xが点Bと同一になるということになる。動くというからにはAとBとは異なる点とされているのだから、これは、Aと同一であった点XがAと異なる点Bに等しくなるということになり、これはまぎれもない矛盾である。

この矛盾は単純明快な矛盾であるが故にかえって狐に化かされた感があるだろう。しかし、パルメニデスに指導され、運動のパラドックスの発明者であるゼノンが属した古代ギリシャのエレア派が唱導した「変化は不可能」というテーゼは、実はこの単純明快な矛盾を根拠にしたのではないか、というのがギリシャ哲学史に暗い私の憶測なのである。

しかし、「或るものXが属性Aから属性Bに変化する」という命題は一般的に言って矛盾を含んでいない。木の葉が緑から赤に変り、若い人が老人になるのは何らの矛盾ではない。だがこれらが安全なのは、それら色や年齢の変化を通じて同一の木の葉や人間があり、その同一の木の葉や人間が色や年齢という付帯的属性を変えるからなのである。しかし上に述べた点運動の場合は違っている。点Xが点Aや点Bにあるという場合、木の葉や人間のような変化を通じて同一な実体としてあるのは点Xである。だが点Xが点Aまたは点Bにあるというのはこの実体Xが付帯的属性を持つということではなく、X＝AまたはX＝Bということにならざるをえないのである。そこからA≠BなのにA＝Bだという矛盾が生じるのである。

この事情はこれと平行的な時間についての常識が含む矛盾を観察してみれば一段と明瞭になることと思う。

「時間が流れる」という非常に危険な常識の一つの表現に、マクタガートが述べた、「現在が時間軸の上を過去から未来に動く」というものがある。ここで考えられているのは明らかに、現在という点が時間座標上を動くという点運動である。ここで上に述べた矛盾を再生するのはたやすい。現在点が或る時刻、例えば某日午後一時五分から一時一〇分に動いたとする。だが現在点が一時五分であったということは現在点イコール一時五分ということ、そして一時一〇分になったとは現在点イコール一時一〇分ということであり、これは一時五分イコール一時一〇分という矛盾だろう。

結局、空間の中であれ時間軸上であれ、点の運動ということは矛盾を含んでいるのである。

更に、三角形や四角形、または直線という平面図形の運動、立方体や球といった立体図形の運動も、それらは当然無数の点運動を含む運動なのだから矛盾を含むことになる。
幾何図形の運動とは矛盾概念なのである。

五 アキレスの運動表現

図形運動は矛盾を含むという前節の結論は、二千年の間人々の挑戦を拒み続けてきたあのアキレスと亀のパラドックスの核心であると思われる。アキレスと亀がパラドックスであるのは、経験的、物理的には易々たるアキレスの追いかけ走行が不可能とされる点にある。ところが、その不可能性の擬似証明は図形運動に基づいてなされている。亀とアキレスが共に点によって位置表示された上で、アキレス表示点が亀表示点に追いつくには無限の走行を必要とするが故にそれは不可能であると言われている。しかし今や点運動が矛盾を含むことが判明した。するとこの追いつき不可能の証明は矛盾を含む前提からの帰結ということになるから、無効と言わねばならない。矛盾からはいかなる命題も帰結できるということは論理学の法則だからである。すなわち、ゼノンのアキレスパラドックスは無効な推論であることが示されたわけで、このゼノンの有名なパラドックスは解消されたと言える。

振り返ってこのパラドックスがかくも長い間人間を呪縛し続けることができた理由を尋ねてみると、アキレスと亀の運動を幾何学的に表示することが如何にも自然で無邪気に見えて疑念をすべて封じてしまったからであるように思える。ところが物体の運動を幾何学的に表示するのはアキレスのパラドックスに限ってのことではなくて、物理学と工学の至る所で使用されてきた常套手段ではないか。するともし以上のように図形運動には矛盾が含まれているというのが事実ならば、これらの幾何学的表示がすべて無効とされねばならぬはずである。もしそうなるとすると、物理学と工学の全域に崩落が生じて壊滅してしまわないだろうか。

だが心配無用である。物理学と工学での図形運動は一見そう見えるだけであって実は運動の表示ではないからである。例えば誰にも親しい自動車のガソリンエンジンの図形を考えてみてほしい。シリンダーの中のピストンの絵、ピストンとクランクをつなぐピストンロッドの図、クランクと推進軸《プロペラシャフト》との接続、その推進軸と車輪軸との接続の図、これらの図形のどれもが静止図形であって、些かの運動をも表示していない。それらは図形運動の図ではなくして静止図なのである。地球が太陽の周りをまわる公転運動の挿絵を見ても、それは静止図であって図形運動ではない。写真にせよペン画にせよ、動きのない図形が運動を表現できるはずがない。運動を表現できるのはそれ自身が運動するもの、例えば模型とか映画やビデオだけである。エンジンや地球の運動は静止図形を使って口頭または文章で説明されているのである。静止図形はその運動の一時刻における対象の静止図形であり、スナップショットなのである。

したがって、物理学や工学に図形運動に含まれる矛盾が侵入する恐れはないのである。そこでは静止図形を使用して物体運動そのものが語られているだけである。恐らくは物理学者や工学者はその知的本能によって図形運動の危険を察知して、意識しないでそれを回避したものと思われる。

しかし、物体運動とそれの表現としての図形運動の違いは微妙な差であって、ともすれば見逃がされる。ゼノンはその微妙な違いを意識的に誇張するためにアキレスと亀の寸劇を作りあげたものと私は憶測する。ゼノンの真の意図やその思考を今日知ることは博識のギリシャ哲学史家にとっても不可能だろう。だが今日石碑のように明確に残されている彼のパラドックスは、もはやゼノン自身の手を離れて自立している。その自立しているパラドックスをそれ自身として考察する限り、それは図形運動の矛盾を誇張して人の眼につき易く仕立てたものであって、人々に図形運動の矛盾を警告するものである。

少くとも私に限るかぎり、その警告を確認してパラドックスは解消されたものと思う。

後記

アキレスと亀のパラドックスを論究した拙論がある（拙著『時間と自我』所収「刹那仮説とアキレス及び観測問題」）。そこではパラドックスの核心を連続運動の不可能性であると結論した。今から見ると後一歩の踏み込みが足りないが、それを今回踏み込んで図形運動の不可能性とした。言わば残していた止《とど》めを刺した形になる。この考えは若年の頃から頭にずっとあったが、駒場での私の学生であった人達が集って論評してくれる中で、昔のためらい勝ちの考えに段々確信を持つようになって今回それを整理したわけである。なかんずく雨宮民雄氏は「現代思想」誌にアキレス問題を扱った論文を書いたことがある。当時は氏の表現法が独特でありすぎたことと、私の考えの未熟さのためにその論旨を十分に理解できなかったが、今にして思えばその主旨は今回の私の考えに極めて近いものであったようである。氏が改めてこの問題を論じられることを待望する。

3 ゼノンの逆理と現代科学

アキレスと亀の逆理について何回か検討をしてきた（『時間と自我』「刹那仮説とアキレス及び感測問題」、本書「線型時間の制作と点時刻」「幾何学と運動」）。しかし、それらはすべて何か他の主題に触れる側面だけを扱う結果になったので、全体的な眺望を欠いて断片的なものにとどまっている。そこで今回はこの逆説自体を主題にして省略を避けて統一的な叙述を試みる次第である。そのために上記の既述の論考との重複を避けることはしない。一方では飛ぶ矢の逆理との関連に特段の注意をはらう。

一　ゼノンの結論は不可避

よく知られているように、今日「アキレスと亀」として知られるゼノンの逆理はアリストテレスがその『自然学』第六巻九章に記した文章を基にして推測を交えて再構成されたものである。アリストテレスの原文［二三九B一五―一八］*は「走ることの最も遅いものですら、最も速いものによって追いつかれないであろう。なぜなら追うものは、追いつくまえに、逃げるものが走り始めた点に達しなければならず、したがって、より遅いものがいくらかはつねに先んじていなければならないからである」。この文意は明確で解釈に迷うことはない。アキレスが亀に追いつくにはまず一刻前の亀の位置に達せねばならないが、そこに達した時には亀は一段先の地点に先行している。かくて亀はどの段階でもアキレスに先行しているのでアキレスが亀に追いつくことはない、という通常の解釈で十分である。

この議論では奇妙な段取りがすぐに目に付くだろう。議論の目標である追い付きの不可能性それ自身に反して、アキレスは一刻前の亀の位置に到達できることが議論の核心として立てられていることである。結論の否定が結論の証明に使われているのである。これを帰謬法の拡張であると見過すのは度を越えた寛容であって、この議論の底にある不安定な運動の概念が引き

* この原文を始めすべての文献上の情報は、桃山学院大学人間科学（一九九二年三月）『平井啓之教授退職記念鼎談・エレアのゼノン、その光と影』―平井啓之、村田全、山川偉也に負っている。

起こす亀裂であると言うべきである。

この議論が一体何を目指しているかを明確にするためには、簡単な座標変換をしてみるのがよい。すなわちこの競走場のどこかに建てられた座標軸を亀の背に縛りつけた座標軸に変えてその中にこの議論を移してみる。すると亀は終始座標原点に位置するから、この座標軸では亀は不動で動かない。そしてアキレスはその不動の固定点に向って走ることになる。アキレスの出発位置をA_0、不動の亀の居る座標原点をOとする。すると元の議論でアキレスが一刻前の亀の位置に到達するということはアキレスがOに若干近づくことになるから、A_0からOの方に少し近づいた点A_1に到達することになる。そして次々とアキレスがOに近付く点を順次A_1、A_2、A_3……としてゆくと、アキレスはそれら無限箇の中間点を通過しなければならない。アキレスはかくして常にA_0と原点Oのどこかの中間点に居ることになり、常にOに到着していない。こうしてこの議論は任意の出発点A_0から出て原点Oに達することは不可能、ということになる。この座標変換した議論は、実は通称「二分割」と呼ばれるゼノンの今一つの逆理と同種の形を持っている。アリストテレスの記録［二三九B一一—一三］では、二分割の逆理は「移動するものは、目的地に達するよりもまえに、その半分の点に達しなければならないから、運動しない」とある。この二分割の逆理も、座標変換したアキレスと亀の逆理も共に、出発点から目標

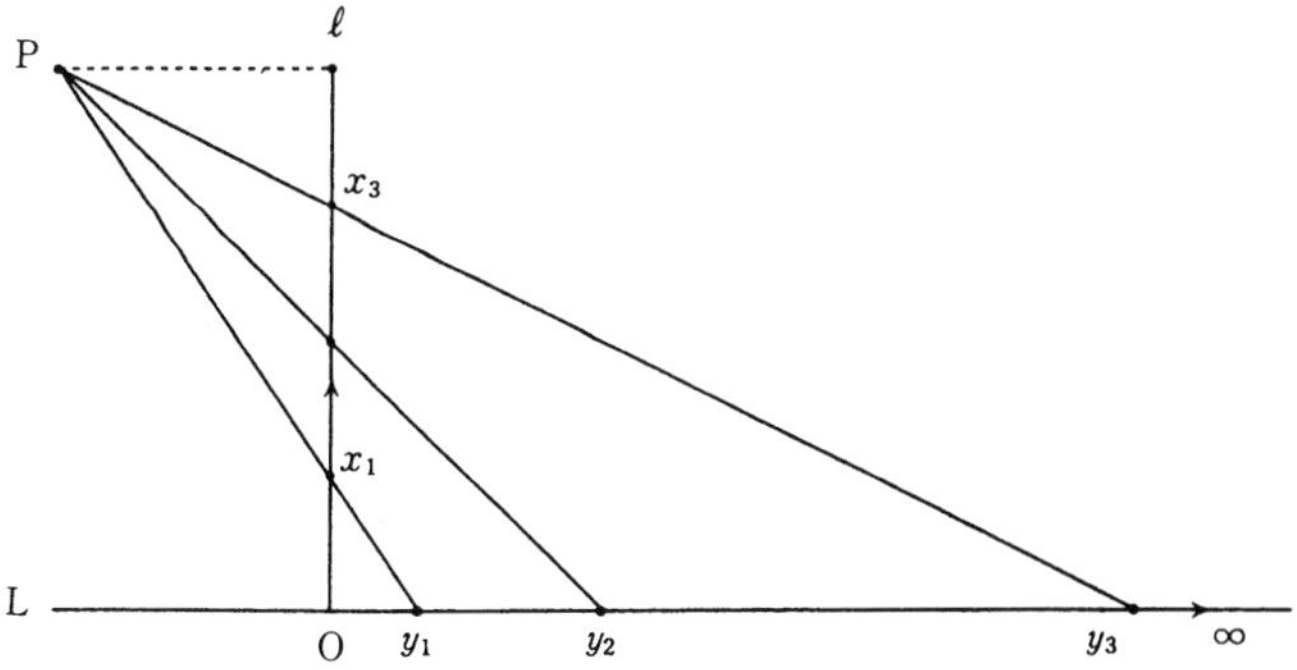

点に行く運動は無限箇の中間点を通過しなければならない故に不可能であるという議論なのである。

それ故にゼノンの逆理の核心は、無限の中間点を通過できないから目標点に到達できない、ということである。そして無限箇の中間点を通過できないのは、限りない中間点をすべて通過しおえるということが「限りない」ということに矛盾するからである。つまり、「無限」という概念の意味からして次々と無限の点を通過しおえる運動は不可能だ、というのがゼノンの逆理の骨格なのである。

この骨格を確認するためには、かつてカントールが点集合の一―一対応の証明に使った考えが役に立つ。**図**で無限半直線Lの上に垂直に立てられた有限の長さの線分lがある。lの上端からLに平行な線を引いてその上に固定点Pをとる。そのPから放射状に線を引いてその線とlとの交点をx_1 x_2 x_3……とし、Lとの交点をy_1 y_2 y_3……としてゆく。こうして一対一に対応付

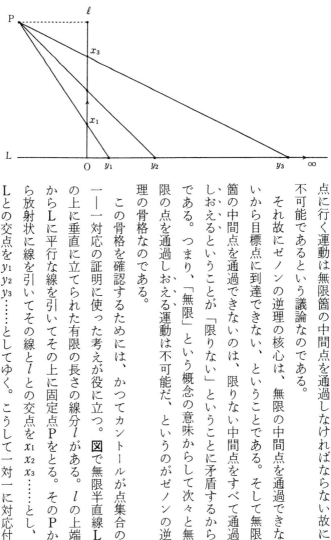

けられることで有限短線分l上の点の濃度が無限半直線L上の点の濃度に等しい、ということを示すのがカントールの目的であった。尚偶然であるが、パスカルが「幾何学的精神について」という論考でこれと全く同じ図を考えたそうである。* パスカルの場合はlはガラス板で、それを透して水面L上を右方に進む船を見る。船の位置y_1 y_2 y_3……をP点から眺める時のガラス板上の位置がx_1 x_2 x_3……になるわけである。

このカントール・パスカル図形をゼノンの逆理に使用できる。この図は有限距離l上のx_1 x_2 x_3……の運動と無限半直線L上の運動y_1 y_2 y_3……との間の一対一対応としても読みうるからである。この対応は二つの運動を対応させるルールとしてもよし、物理的なザイルや竿による結合だとしてもよい。いずれにせよ有限距離l上の運動$x_1 \to x_2 \to x_3 \to$……が可能ならば、それに対応するL上の$y_1 \to y_2 \to y_3 \to$……という無限距離運動も可能となる。後者はもちろん不可能だから前者もまた不可能ということでゼノンの結論がえられるわけである。

このことから運動の不可能性というゼノンの途方もない結論が出てくる本源が判明しただろう。すなわち、いかなる空間的移動も無限の点の通過を含んでいる、という単純な幾何学的事実から待ったなしに運動の不可能性が出てくるのである。だがどんな空間的距離の上にも無限箇の点が存在する、というのはユークリッド公理系から直ちに出てくる単純で初等的な事実であって、それを変更することは不可能であろう。だとすればゼノンの運動不可能の結論を避ける道はないのである。これまで二千年の間ゼノンの逆理に挑戦した数多くの人はすべて、ゼノンの論法にはどこかに欠陥がひそんでいてそれを見付けさえすればゼノンの結論は崩れ去るだろうというはかない希望の上にこの逆理に立ち向ってきたのである。だがその希望がすべて打ち砕かれてきたのが歴史の事実である。そして二〇世紀末の今日、この希望は不条理な希望であることをもはや率直に認めるべきである。ゼノンの結論は回避できない。それは真実なのである。運動は不可能なのである。

しかしこれで世の中が終りになるわけではない。以上の観察からわかるだろうが、運動の不可能性は、線上の点は無限に存在するというギリシャ人を悩ませた幾何学的事実から出てくることなのである。換言すれば、幾何学的に表現する限りという条件付きで運動は不可能なのである。ここで運動の幾何学的表現を改めて検討することで、出口なしで脱出不可能な状況は変更不可能としても、その状況を新しい展望で眺める余地はまだ残されているであろう。

* 前出、平井、山川氏。但し両氏の言及の目的とは全く異なる。

二　点運動の逆理

「点Xが位置Aから位置Bに動く」。これが幾何学点の運動の原型である。この短文を分析する前に予備的な注意をしておこう。それは幾何学における点（位置）の同一性の意味は何か、についてである。天体や山頂や尖塔の中心や先端として指示される点や位置の同一性（同じ点だとか違う点だとか）については、それらの物体の物質的な持続同一性によってその意味を与えることができるので問題はない。しかし、幾何学の中の点についてはその手は使えない。二つの直線の交点とか、一つの線の先端といったような指示では、直線のような図形の同一性が前提されているので堂々巡りの循環になる。「一点Aをとり……」とか「この円上の点をAとする」といったような支えのない宙ぶらりんの点Aの同一性の意味は何かが問題なのである。私はそのような宣言こそ点Aの同一性の意味を与える当のものだと考える。「一点A」とか「……をAとせよ」という命名宣言によってその点は一区切りの論説《ディスコース》を通じての同一性が与えられる。当面の話の中に限っては、その点Aはその同一性を保ち続けて終始「点A」であり続けて、他の命名宣言によるB点やC点とは異なる点であり続けるのである。こういう命名宣言の効果があるからこそ何の物質的支持《サポート》をも必要としないのである。何もない虚空のど真中に「Aとせよ」ととなえるだけで同一性授与の儀式はすんでしまうので、それ以上のお祓いや柏手はいらない。

そこで始めに挙げた問題の命題で、点Xが位置Aにある、という時に、位置Aにあるというのは点位置Aと同一点であるということになる。点Xが点Aと同一の点でないならば位置Aにあることはできないからである。但しこの場合、位置Aと点〔位置〕Aとは同一の点を指示するものとする。すると同様に、点Xが動いて位置Bにくるとは点Xが点Bと同一点であることになる。そして点Xが動く間じゅう別な点になるなどのことはないのだから、点XはAからBに動く間じゅう同一の点であり続ける。すると結局、この同一の点Xが始めは点Aと同一で、終りには点Bと同一だということになる。これはAとBとは呼称によって異なる二点であることに明白に矛盾する。つまり、点の運動というのは表面的には何の変哲もない無邪気なことに見えるが、一歩立ち入って精しくその意味を検討してみると、実は矛盾を蔵しているのである。点の運動にとどまらずに、一般に三角形その他の幾何図形の運動は矛盾概念なのである。図形運動が複数の点運動を含むことから当然のことである。

この点運動の矛盾はすぐさま時間の領域に飛び火する。時間を一本の線、そして今現在を含むすべての時刻をその線上の点で表現する公認の線型時間において、時間の流れとして屢々時刻点の時間軸上の移動が考えられるが、この時刻点の運動とはまさに点運動に他ならず、したがって自動的に矛盾を含むことになる。その誤って構想された運動の始点と終点は異なる時刻であるべきなのに同一時刻になるという矛盾である。

この時刻運動と空間点運動の二つの矛盾を以後の参照のために「点運動の逆理」と呼ぶことにする。この点運動の逆理とゼノンのアキレスと亀の逆理は構造的に交錯する濃密な関係がある。というのはアキレスと亀の議論の中の中核的な一節がこの点運動の逆理によって破壊されるのである。アキレスが一刻前の亀の位置に達した時に亀は何程か前方にいる、という一節は点運動の逆理を前提にすれば不可能になるからである。点運動の逆理によれば、アキレスが一刻前の亀の位置まで動くことも矛盾となる。これに対応して二分割の逆理の中の次々の行程の中点への運動が矛盾となる。したがって点運動の逆理と整合的にするためには、ゼノンの二つの逆理は共に同型の修正を加えねばならず、それによって条件付きの弱いものとならざるをえない。すなわち、アキレスが一刻前の亀の位置に達することは不可能だが、たとえそれが可能としても、云々、二分割の逆理の場合は、次の行程の中点に達することは不可能だが、たとえそれが可能としても、云々、という形にそれぞれ弱められる。

この観察によって点運動の逆理とゼノンの逆理の役割り分担が明瞭になるだろう。点運動の逆理の根源は「点」または「点時刻」の概念にあるのに対して、ゼノンの逆理は線上の点の「無限性」にその源泉があるのである。しかし、後者の「無限性」の源泉を辿ればそれは前者の「点」概念に行きつくだろう。更に「点」概念はゼノンの「飛ぶ矢の逆理」が出てくる源泉でもあるので、結局すべての逆理を起す元凶は点概念であると言えよう。更に病因をさかのぼるならば、結局、「動く」運動を「動かない」幾何学で表現しようとする所に根元的な無理があるのである。

三　飛ぶ矢の逆理

アリストテレス『自然学』での「飛ぶ矢の逆理」〔二三九B五―七〕は次の文である。「どんなものも自身に等しい場所を占めているときにはつねに静止しており、移動するものは今においてつねに自身に等しい場所を占めているから、移動する矢は動かない」。

このゼノンの議論の根底にあるのは、矢の飛行の全域での点時刻における矢の状態を考えてみるということである。ところが各点時刻において矢は或る点位置に存在するのだから矢は動いてはいない（静止仮定）。従って、どの点時刻にも静止している矢は動かない。

この議論の一番弱い所は静止仮定であることは、恐らく誰の眼にも明らかだろう。矢が或る点時刻に或る点位置に存在することから、その矢がその時刻に静止して動いていないということは必ずしも出てこない。運動とか静止とかは、微小なりとはいえ有限の時間間隔と有限の空間間隔の上で意味を与えられているのであって、ただ一箇の点時刻の上での運動や静止の意味を一義的に決定できない。したがってその点時刻に矢が或る点位置に存在すると共に或る速度（運動量）を持つと考えることも可能なのである。実際さして遠くない昔、唯物弁証法の夥しい信者は口をそろえて、運動とは或る位置に在ると共にその位置にない（動いている）ことを以て、形式論理学の矛盾律に背く弁証法論理の目玉商品にしていたではないか（そしてゼノンを弁証法の走りとして讃えたではないか）。

しかし、飛ぶ矢の逆理という形で提示されているものはずっと深いレベルにあるように思われる。それは矢の位置や矢の速度を始め何かの物理量を時間の関数として考えるという自然科学の根本形式とさえ呼べる考え方の中にひそむ危険である。この考え方がいかなる物理量についても可能であるとは言えないということが見逃される所から飛ぶ矢の逆理が生れたのである。特にゼノンの時代に理解されていた身近な日常的物理量（または状態）についてそれを時間の関数と考えようとすると失速墜落する危険がある。例えば壁の色とか手の痛みとかを時間の関数として考えるとは、各々の点時刻における壁の色や痛みを考えることである。だが持続ゼロの点時刻における手の痛みとか壁の赤色とかを考えることができるだろうか。その点時刻までずっと壁は赤くなく白であり手に痛みはなかった。だがその点時刻になった瞬間に壁は全く突然にさっと赤くなり手に激痛が走る。だがその点時刻が過ぎた途端に壁はさっと再び白に戻り手からは痛みが消える。考えられない、と言い切らないとしても、そのように考えるのは甚だ困難だろう。つまり、持続ゼロの点時刻における物理量や状態がかくかくだということの意味は極めて不安定で無意味にスレスレの所なのである。私が常用する宣伝コピイでは「羊かんの切り口には羊かんはない」である。当然、ゼノンの矢の存在についても同様である。或る点時刻に矢が或る点位置にあるということも無意味スレスレであるし、その矢の速度が幾らとか速度の有無も無意味に限りなく近いのである。それゆえ飛ぶ矢の議論の全体が近似的無意味なのであって、われわれはそれに対して肯定も否定もできないし、態度を決定する義務もない。だから飛ぶ矢の逆理を有意味な逆理として受付けることを拒否することが許される（このことは日常的物理量や状態に限ってのことであって、後述するように、科学の理論的物理量や状態についてはこの限りでない）。

飛ぶ矢の逆理の病理学的所見から、ここでもまた主たる病原体は「点時刻」概念であることに衆目が一致するだろう。こうしてエレア派の宣伝掛りともいうべきゼノンの三大パズルも、また上に述べた点運動の逆理も、それらすべてが「点時刻」概念によって発病する難病であることが今や否定できない。

今から思えば、自由概念の検討という少し別のルートからゼノンの逆理の研究に入ったベルグソンの診断もまた、この結論を僅かに変えただけのバリエーションであった、と言える。

四　ベルグソン

ベルグソンが一貫して対置するのは運動と空間である。

運動は「流れつつある時間」、すなわち「持続」であって全一的で不可分割であるのに対して、運動体が通過した軌跡である「流れ去った時間」は既に「空間化された時間」であって無限分割が可能なのである。この二つを取り違えて混同することからエレア派の詭弁が生れてくる。なぜならば、分割不可能な一体である持続である運動をその運動軌跡と混同すれば、分割不可能な運動が無限に分割されると錯覚され、そこからアキレス、二分割、飛ぶ矢の逆理といった知的妖怪が生れることになる。だからこの混同は「不動のもので運動をつくり出す」ことと、「空間で時間をつくる」ことであり、それが諸悪の根源に他ならない。

五　科学汚染の懸念

このベルグソンの華麗に過ぎる言説から乾燥して干からびた論理の糸を見つけることはさして難しいことではない。ベルグソンの論点は要するに、運動も流れゆく時間も共に分割不可能な一体性であるのに、それを空間的軌跡のように分割して考えることこそが誤りの源だ、ということなのである。

だがベルグソンの言う「分割する」とは他でもない、正に「分割点を打つ」ことではあるまいか。運動軌跡の線上に幾何学点を打つことがその軌跡を分割することであり、アキレスの追いかけ運動を一刻前の亀の位置までの区間に分割するとは、点時刻によってその区間を区分することではあるまいか。そして運動軌跡上に幾何学点を打つことは、その運動経過を点時刻によって区分することである。だとすればベルグソンの言い分から装飾的アクセサリーを取ってしまえば、「点時刻を考える」ことを非難する、ただそれに尽きているのである。だから私が述べてきた「点時刻概念」にすべての困難が起因するという論点に合流しているのである。そしてここに故平井啓之氏の引用を通じてポール・ヴァレリーの言葉をつけ加えたい。「ゼノンのトリックはおぞましいばかりに単純である。それは巧妙に（あるいは巧妙でなしに）動体が動きつくすべき長さをごまかすこと――そしてそれに分割を――あるいはむしろ長さの分割可能性を――代置すること、に存する。分割とかあるいはむしろ無限の求和を取り行うべきものは、そのために多くの時間を失い、それを二度とやろうとはせず、またしまいには二度とはじめないことになってしまうのは分りきったことだ。ゼノンはわれわれの計測と分割の行為を計測されるものに代置して、この行為は長さと独立していると記す」。以下綿々と続くのでここで打ち止めにしておくが、要するにベルグソンを復唱しているのである。

こうして点時刻がゼノンの逆理や点運動の逆理の病原であることが確認された。しかしこの危険な病原体はエイズウィルスと同様に各所に伝染していないだろうか。その伝染が明白な箇所として、第一にスポーツの記録の計測、第二に自然科学の全領野がある。スポーツのことはさておいても、科学の全体が病原体に冒されているとすれば事は重大である。なぜならば記号論理学の初等的な定理として、一つの矛盾からは何でも好みの命題が演繹できる、というのがある。真理値表からも簡単に出てくる全く形式的な定理だとして気にかけないことにするにせよ、数学者のあの激しい無矛盾性証明の追求を横目に見ながら、こうもあからさまな矛盾を不問にする度胸のある科学者は稀であろう。

しかし不思議なことに心配は無用のように見える。ガリレイやニュートン以来数百年にわたる近代科学の展開の歴史の中で、ゼノンの逆理に起因すると見られる故障や病例は皆無であるように思われる。これが全くの偶然による好運であるとは思えない。宇宙線や紫外線の降りそそぐ中で数十世代に及ぶ家系から癌の発現が皆無だということ以上の僥倖に恵まれるということには何か納得のゆく理由があるはずではないか。その理由があるとしたならば、恐らくそれは力学の中での物体運動の処理方式にあるに違いあるまい。力学で運動をとり扱う扱い方が全くの偶然でゼノンの逆理をすり抜ける方式であったと考えなければ、あの僥倖は理解できない。それでわれわれの科学で物体運動がどう把えられているかを観察してみよう。

六　科学の図解の点検

科学で物体運動がどのように把えられているのかを観察するには、科学が使用する様々な図解の上で運動が理解されている様式を探るのが最良の方策である。例えば、点で表現された地球その他の惑星の公転運動、物体を点とする自由落下の放物線運動、陰陽イオンを点とする電解液の中での運動、あるいは神経軸索の細胞膜を出入するナトリウムイオンの運動、DNAからの蛋白質合成における様々な原子や分子の運動の図解や挿し画の中には、幾何学的点またはその集合としての円やその他の幾何学図形として物質粒子や物体が主として線上を運動する様が描き込まれている。

これらの点運動の描写が果して点運動の逆理に抵触する形で描かれているかどうかを注意して検討してみる。すると実は抵触しないように描かれていることが実に簡単に見てとれる。点運動の逆理に導くためにはその点がその運動を通じて「同一の点」であることが必要であった(二節)。だのに科学の図解の中ではそんな同一性のことなどは露ほどにも考えられていない。科学はそんな堅苦しいことなどは全く無視して地球や火星や各種原子の運動を考えてきたし、現在でもそうなのである。このことは科学者ならば誰でも自分のこととして是認するだろう。意図してかしないでか、科学で公認されているこの不注意こそ、点運動の逆理が科学の中で発症するのを防いでいる、というのが私の見解である。アキレスの逆理についても事態は同様である。

アキレスと亀の逆理に罹患するためには、運動区間の無限分割による無限数の中間点通過が必要であった。しかし科学の図解の中で考えられる点運動において、そのような無限数中間点の通過がわざわざ考えられたケースがあるだろうか。一つもないだろう。ここでも科学はそんなことに気を使うようなことをしないまま、のほほんとして運動を考えるのである。その不注意を指摘しようものなら、科学者社会から村八分にされて給料を手にすることはできないだろう。

ここでも一六世紀科学革命以来の科学公認の不注意によってアキレスの逆理が発症するのを防いでいる。上の二節の結論で述べたように、ゼノンの逆理の発生する根元は「動く」運動を「動かない」幾何学で表示するという無理である。科学は不注意からであれ他の動因からであれとにかく、その無理を避けて、幾何学図形の使用を静止図形にのみとどめて、肝心の「動き」は口頭の説明、特に軌跡による説明で行ったのである。

この意味で現代科学は点運動の逆理やアキレスの逆理という発癌性レトロウィルスに対して特化した免疫系を持っている。その免疫系は同一点運動とか無限点通過といった抗原が発生す

＊　ヒュームが『人性論』の中で、不可避の懐疑を抑えて実在世界を信じる手段はただ不注意（inattention と carelessness）のみである、と述べたことを思いだす。

るや否やキラーTリンパ球や抗体産生Bリンパ球が直ちに反応する。それによって現代科学はここ数百年無病息災でありえたのである。もしこの不注意という免疫組織がなかったら、ラッセルその他の逆理によって今世紀初頭騒がれた「数学の危機」に類する危機が自然科学にも発生したに相違ない。

しかし残念ながら、現代科学のこの免疫系は今一つのウィルスである飛ぶ矢の逆理に対しては効力を示さない。飛ぶ矢の逆理はアキレスの逆理のように現代科学に異質な異物ではなく、むしろ拒絶反応が起らないほどにまで現代科学と同質的なのである。同質的というのは言い過ぎとしても、少くとも同根であることは確かである。

七　点時刻関数

飛ぶ矢の逆理を発生させる病原は、物理量や物理的状態を持続ゼロの点時刻の関数として考える表現法にあることを第三節で確認した。そうした表現はしかし、日常の知覚状況のなかでは思考することも想像することも不可能なこと、したがってそれらの表現、例えば問題の矢の速度といった概念に意味を与えることができない。それゆえそれらの概念は限りなく無意味に近い概念であること、それゆえ矢が飛ぶの飛ばないのということ自体が無意味スレスレであること、これらのことが続いて確認されたのである。だがこの一連につながった確認の出発点である点時刻における物理量や状態の思考・想像不可能性は、ただ日常知覚的状況に限ってのみ主張できるという但し書きがあったことを忘れてはならない。

ところが、物理量を点時刻の関数とする表現は、日常的レベルから見ると高度に抽象的な科学理論の根本的形式なのである。物理学の基礎法則がすべて時間を変数とする微分方程式の形をとっていることがその何よりの証左である。そうした物理学の基礎的な物理量が思考不可能だなどとは口が裂けても言える道理はない。では飛ぶ矢の逆理は物理学をはじめとする現代科学の中でこそ最も強烈な力を発揮することになりはしないだろうか。

しかし幸いにも毒を以て毒を制するということがある。現代科学の高度の理論性によって飛ぶ矢の逆理の毒を中和できるのである。

というのは、現代科学の中では点時刻の関数として考えられる物理量のみならず、独立変数である点時刻そのものが既に理論概念だからである。

各種の実用時計の時の「刻み」の正しさは何によって保証されているのかを考えてみよう。テンプによる腕時計や振子時計の刻みの等時性は剛体力学、ひいてはニュートンの運動方程式がその根拠である。地球と太陽との相対運動である地球の自転公転もまた同様である。だが精密な測定ではそれらの等時性にはムラがあるので原子時計によって補正を受ける。では原子時計の刻みの正しさは何に基づくのか。それは原子時計が使用する気体であるアンモニアやセシュウムの吸収スペクトルの周波数一定性によってであるが、その一定性は量子力学の基礎法則によって保証されている。こうしてみれば結局、経験的実用時計の時間は物理学の基礎法則の時間変数である線型時間tに近似的に一致するように定められていることがわかる。この線型時間の刻み目としての点時刻は、実用時間の基準となるように考えられた理論的時間なのである。一言で言えば、この理論的時間は基本的自然法則を成り立たせるように思考された時間である。だからこの点時刻の関数として考えられた素粒子の速度その他の物理量もまた思考される量であって知覚的な色や痛みとは別物であることは明白であって、飛ぶ矢の逆理を無意味化することはない。それゆえに科学理論の中では飛ぶ矢の逆理は生きているはずである。

しかし、理論概念と実際に測定可能な物理量（や状態）との間は、複雑な数学的関係で結ばれている。ミクロ的概念と経験可能なマクロ的概念の間にはかなりのへだたりがあって、その間が数学的関係で結び付けられている。その数学的関係の集合がいわば数学的ギアボックスになって理論概念と経験概念とを結んでいる。だから今かりに飛ぶ矢の逆理に起因する故障や病変が理論概念のレベルで起っても、それが数学的ギアボックスを介して経験概念のレベルにまで伝達されてしかも測定精度を超える故障として観測される確率は決して大きくはない。大部分の場合にはファジーな経験的観測のレベルには現われず表面的には無病息災ですむだろう。

私はこれが飛ぶ矢の逆理が現代科学に何も目立った災厄をひき起していない理由であると思う。しかし表面は健康な人でも身体のどこかに細胞の癌化が起きていて増殖しており、或る日突然に症状が起きる可能性があるのと同様に、科学に飛ぶ矢の逆理から激しい症状が起きる可能性は常にある。それは数学体系の中にまだ発見されていない矛盾がひそんでいて、何時の日かそれが危機を引き起こすかもしれないのと同じである。

現代の数学にも科学にも、エイズウィルスの爆発的流行そっくりの突発的発病の可能性がいつもあるように思われる。そしてエイズと同様に効果的な療法がやがて発見されるのかどうかも全く予測できない。もちろんこのような悲観的観測は小惑星衝突の心配と同様にやがて杞憂に終わるかもしれない。私としてはただそう祈るだけである。

4 キュビズムの意味論

画家が絵を描くとき何か哲学じみたことを念頭にしているのでないことは言うまでもない。しかし絵を描くとは世界を描くことである限り、同じく世界を描こうとする哲学と全く無関係だということはないはずであろう。なかんずく、絵とは世界を空間的に描くことなのだから、そこに空間についての見方とか考え方とかが多少の差はあってもにじみでていないはずはない。この絵具や墨の拡がりの間ににじみでたものを言語的に拡大して定着するならば、それはたとえ断片的であるにしてももう哲学的思考と言えるものであるだろう。

特に、抽象絵画と呼ばれている種類のもの、なかんずくキュビズムと呼ばれてきた描法についてこれを行なうことは、それらの絵の理解のためにも何程か役立つこともあるだろう。

一　立体形の意味

二次元の平面に三次元の事物世界を描くというのが絵画の根本条件である限り、三次元の物体の立体形こそいつの時代のどの国の画家にとっても関心の核心であったはずである。事実、透視画法の発明は西洋絵画史上の画期的事件であったし、東洋絵画にとってはその輸入が画期的なでき事であった。

しかしこれに対して立体形の重要性は哲学史の中では見逃がされてきたように見える。僅かに例外としてカントとフッセルが後に述べる観点から立体形を問題として採りあげたが、今度はそのこと自体が哲学史上で無視されるという始末である。それは立体形などは空気や水のようにありふれたもので何ら問題にするに足りない、と思われてきたからであろう。

しかし立体形とはそれほどわかりきった概念であろうか。そうでないことはわれわれの身辺にあって最もありふれた立体形の一つである人間の形を考えてみればすぐわかる。人体という立体形の把握はた易いものではない。様々な動きによって千変万化するし、その一つの姿勢に限ってもそれを見る距離と角度によって限りなく変化する。この夢幻の変化をいくばくかの省略を加えてでも理解していなければ人体を把握したなどとは到底言えないだろう。西洋の画家があきることなく裸婦をモチーフにするのは、人体の無限の様態に繰返し挑戦するためだと考えないでは理解できない（それに対して東洋の画家は花鳥や動物の立体形を以てしたと思われる）。

人体のような自然物の余りに複雑過ぎる立体形はしばらく措いて、コップとか机とかのもっと単純な立体形状を例にとって考えてみよう。

そして或る一つの立体形状、例えば三角錐や円筒、机や椅子の形を知っている、理解しているとはどういうことなのかを考えてみたいのである。ところが立体形を一挙に見てとることは不可能であり、われわれにできるのは或る一つの視点からそれを見ることだけである。だからわれわれに可能な立体形の知り方は、あらゆる視点から見た場合の「見え姿」を知っている、ということが最大限であり、それ以上は無理として断念しなければならない。だがこの可能性の上限に到達することですら容易ではない。あらゆる視点の数は実数無限の三乗であって、それをすべて尽すことは不可能である。そこで、あらゆる視点はあきらめて有限箇のサンプルで我慢するか、あるいは任意の視点を指定されればその視点からの見え姿を作図できるようなアルゴリズムを知っているということで我慢する。このアルゴリズムは自動車の見え姿や動く対象の姿を見せるコンピューターグラフィクスで実用されているような明確なものである必要はなく、視点を指定されればそこからの見え姿が大体こんなものだと見当がつけられる程度の大まかなものであってよく、かくかくしかじかと明記できないで概略承知しているといった心理的準備であってかまわない。そういったものが現にわれわれが各種の立体形状を知っているという場合の実情だからである。

しかしこの程度の曖昧さを持っていても次のことを確認するには十分だろう。すなわち、「或る物Xが或る立体形状Aである」ということの意味は、上述の意味で視点を指定したならばかくかくの見え姿をしているということである。換言すれば、立体形状の意味は特定視点からの見え姿の無限集合である、と。このことの特別に簡単な事例として、工作物の設計図が正面図、側面図、平面図からなることがある。それに鳥瞰図を加えても要するに、その工作物の立体形状の意味である見え姿の無限集合の中から三、四の要素を描きだし、他の見え姿はそれから作図構成できるようにしたものである。

しかし先に述べたように各視点からの見えの無限集合を把握することは不可能であり、辛うじてその集合を生成するアルゴリズムあるいはそれに相当する心理能力を持つのが精一杯なのだから、立体形状の意味を完全に知ることはできず、また完全に知る人もいないということになる。それは当然で、人体とか柳の木とかの立体形状を完全に知ることなどは誰にもできない。

われわれの社会で流通している立体形状の意味は、省略や変形を加えた不完全なものであり、完全な意味に対する近似であるに過ぎない。ただ、三角錐、円筒、球、といった単純な幾何学的立体形状の意味は、ほぼ完全な形のものが可能である。何よりもそれらの単純な立体は、その無限箇の視点からの見えを簡単に作図する幾何学的な方法があるからである。

いずれにせよ、或る立体形状が一体どんな形なのかを理解しているということは、無数の視点からの見え姿をどんな仕掛けにせよとにかく知っていることに他ならない。それ以外には考えられない。立体形状の意味は任意視点からの見え姿の無限集合である、というのはまさにこのことを言っているのである。

二　立体形の知覚展開としての意味

立体形状の意味が見え姿の無限集合であることの証明には、そのいわば出生証明書にまさるものはないだろう。見え姿の無限集合としての意味がどこでどのようにして発生してくるか、その出生の事情を知ることが、この意味に対する不信や疑惑を押えて、この意味を受容させるだろう。

立体形状の意味が発生する場所は、健常の人の場合には視覚風景である以外にはない。少くとも第一次的にはそうである。触覚も考えられる場所であるが、ここではそれに立ち入らない。

さて視覚風景には根本的な特性がある。そこで一体何を見ているのか、何が見えているのかという問に対して二通りの答が可能である、という特性である。机を前にしての視覚風景の場合ならば、もちろん机を見ている、机が見えている、というのが当然の答である。しかし机の後側や側面、そして内部が見えてはいないじゃないか、本当に見えているのは机の正面じゃないのかと言われればそれはその通りであり、見えているのは机の正面（知覚正面と呼ぶ）だ、というのが今一つの答として可能である。つまり、何を見ているのか、何が見えているのか、という問にたいして二通りの答が可能なのである。

①机、という三次元物体

②机の知覚正面、という知覚風景

の二つである。この二通りの答から一つだけ選んでそれを正しいとする理由は何もない。この二つの答は両方とも正々堂々と通用できるし、実際日常生活でその状況に応じて流通しているのである。したがってここではこの二つから正しい方を一つ選ぼうとする態度を捨てて、何が見えるかについて両義性があることを素直に認めるべきだろう。われわれの五感には今一つの根本的両義性がある。それは触覚の両義性である。触覚を何の触覚かという問に対して、①触れている物体の触覚だとも言えるし、②触れている皮膚（手、足その他の）だとも言える。①の答は更に視覚の場合と同様に、三次元物体、およびその物体の接触面、という二つの答に分岐するから実は三通りの答となるが、ここではこの分岐に立ち入らないで両義性に着目する。この触覚の両義性はプールや風呂の中で生き生きと実感できる。全身の皮膚の温かさや冷たさと、湯や水のそれとの両義性である。

この視覚と触覚とに共に見られる両義性は、私と世界、主観と客観というすべての根底にある分別が発生してくる源泉となる最重要な両義性であるが、ここでは視覚の両義性に話を限ることにする。

視覚の両義性すなわち何が見えるのかの問に対しての二つの答である三次元物体と知覚正面を較べた場合、日常生活では前者の三次元物体が圧倒的に優勢である。人間の生存にとって食物にせよ障害や敵にせよ三次元物体という意味は不可欠のものであり、ホモサピエンスが言語使用を始めて間もなく三次元物体の意味が制作されたのに違いなく、それが現存のわれわれに引きつがれてきているのである。それに較べて遅れたとはいえ、知覚正面の意味も自然の中で順調に制作されたはずである。三次元物体の後側も側面もその内部も見えていないことに人間が気付くには、別に格別の努力はいりはしない。極く自然に今見えているのは物体の正面だけであることがすべての人に了解されたに違いない。この知覚正面を一般的に指示する言葉(「見え姿」とか appearance とか)が生れたのはかなりの時間の後であったにせよ、それ以前でもこの知覚正面を話題にすることは容易であったと思われる。同じ物体でも見る場所を異にする二人ではそれぞれの知覚正面、すなわち見えているものが違うこと、それがどのように違うのか、また相手の知覚正面をしらべるために相手の場所に行って見ること、このようにして知覚正面について話し合いをしてきたはずである。

その話し合いの中でも明瞭だったことのひとつに、知覚正面はそれを見ている人だけにプライベートなものであることがあっただろう。その人だけが見ているものでそれ以外の人間は横からも後からも覗きこむことができない、この排他的で独占的なプライバシーが知覚正面の根本的な特性なのである。「意識」という遙か後年になって刻印された言葉を使うなら、知覚正面はそれを見る人にのみ意識されているもの、その人の意識に与えられているものなのである。知覚正面は余す所なく個々の意識に所有され、余す所なく個々の意識に帰属する。

それに対して、三次元の物体は余す所なく意識に与えられてはいない。その背後や側面は意識には(視覚的には)与えられていないで、むしろ意識の外に在るとして意識されている。ここで視覚の両義性の二つの項が意識の内と意識外の世界、簡単に言えば意識と世界、または主観と客観という人間の認識の最基底にある分岐で二分されていることがわかる。知覚正面はその全てが意識に与えられているがゆえに十全の確実性を以って見ている人に知られるが、三次元物体は外的世界に属するがゆえにその存在を完全な確実性を以って知ることはできない。それを知るためには知覚正面を始めとする意識内所与を手掛かりにして推論しなければならない、これが西洋哲学史の基底を流れる思考であった。

カントの感性論における中核概念である「内感」とは、実にこの知覚正面が帰属する意識のことではなかったかと私には思える。しかし、カントは、外界事物の表象である外的表象が帰属する外感に対して、私の「自己」の表象として内感を考えながら、一方では一切の表象を含む総括者と言ってみたり、読者を混乱させるので、この点はカントの専門家の検討を待つべきだろう。

この知覚正面がいわば意識の直接所与であるのに対して、三次元の事物はいわば意識を超越し意識の外に在るものとして意識されている。つまり、われわれ人間が遙かな昔、恐らく数百万年以前から制作してきた三次元事物の意味には、意識の外に超越的に在るものということが含まれているのである。そして、意識に直接与えられるのは各視点からの視覚正面である、ということも現在まで流通してきている三次元事物の意味に含まれている。このことを言い直せば、三次元事物の意味はすべての視点からの知覚正面の無限集合として構成され、そのようなものとして制作されているということになる。カントが概念の図式を語る時に念頭においていたのは、この知覚正面の無限集合であったように私には思われる。彼は概念の図式として「概念を形像化する一般的方法の表象」と言うが（『純粋理性批判』B 180）、例えば机という概念を形像的に展開すればその知覚正面の系列となるし、逆にこの無限の知覚正面の全部または一部を机という概念によって総合統一したものが三次元物体としての机であろうからである。またフッセルは知覚正面を「射映（Abschattung）」と呼んで、多くの視点からの射映を志向的に統一したものが物体であると語るが、ここでも知覚正面の無限集合としての三次元物体の意味が歴然と表明されている。

しかしだからといってこの知覚正面の無限集合としての三次元物体の意味が、カントやフッセルのような哲学的体系の産物であるということではない。カントとかフッセルの哲学、その他どんな哲学も、ここでは無用であり無関係なのである。人間を含む霊長類が生物進化の或る段階としてこの世界に出現したその時から、三次元物体は彼等にとって死活的に重要なものだった。食物、異性、外敵、住居、そのすべてが三次元物体だったからである。空気も水も、山や川、更に空でさえ三次元物体であった。当然人間が言語使用を開始するや否や三次元物体の意味を制作しない道理がなかった。そうして制作された意味が連綿と伝承されて、黒人白人黄色人種等の人種分化の障壁などは苦もなく通過して今日の地球上のすべての人間の手に渡り、世界中どこの社会でも流通している。

この現在流通し、われわれが毎日使用中の三次元物体の意味をただ観察してさえみれば、その意味が知覚正面の無限集合であることがわかる。カントもフッセルもただその観察結果を記述しただけであって、哲学思考からひねりだしたのではない。

逆にこの日常生活の中で制作された意味が哲学を規制して或る哲学的見解を強制することになる。この強制する哲学的見解とは実在論である。

もしも三次元事物の意味が知覚正面から切り離されていたとしたならば、知覚正面という意識所与から三次元事物の存在への道は中断されて高々推論されるにとどまる。カントは『純粋理性批判』第一版の第四誤謬推理の章で明確にこのことを指摘すると共に、彼の超越論的観念論では外的事物の実在性を推論する必要がないことを誇るのである。その理由は、知覚正面(表象)の無限集合である三次元物体(外的対象)はその要素である知覚正面と同等の現実性を持つからである。カントの言葉を直接引けば、「私が外的対象の現実性に関して推論を必要としないのは、私の内感（私の思考）の対象の現実性に関して推論を必要としないのとまったく同様である」（『純粋理性批判』A 271）。すなわちここではバークリィの「存在とは知覚なり」という標語がそのまま適用可能なのである。

だがカントがその超越論的観念論が外的世界の現実性を保証できることを言うことができたのは、日常生活の中で制作された三次元事物の意味に沿って彼の哲学が構成されていたからに他ならない。日常生活での三次元物体の現実性には命がかかり快と苦がかかっているのだから、その修羅場で制作された三次元物体の意味にはその現実性を保証できるものがそなわっていないはずがない。それがすなわち知覚正面の無限集合としての意味なのである。だからどんな哲学であれこの意味を保存するかこの意味を敷衍する限り三次元物体の現実性を相続できるのである。その現実性は数十万年に及ぶ人類の生存の中で実用に耐えてきた筋金入りの現実性であって、哲学はただそれを確認することができるだけなのである（精しくは7章「色即是空の実在論」参照）。

三　キュビズムの描法

知覚正面の無限集合としての三次元物体の意味はまた、人間である限り画家にも受けつがれてきている。だが彫刻家と違って壁面やキャンバスの二次元平面上に物体を描かねばならぬ所から、三次元物体の意味に特段に敏感にならねばならない理由がある。三次元物体を平面上に描くとき最初にとられた方法は、知覚正面を丹念に写生することだった。そこで大切なのは知覚正面として見えていない部分、例えば机の背後や側面は描かないのはもちろんだが、例えば机の後脚上部のように遮断されて見えない部分も描かないことである。幼児の画ではこれが屢々破られていることは誰もが目にしたことがあるだろう。この知覚正面をできるだけ忠実に描くという方法を意識的に追求してゆけば、あの透視画法《パースペクティブ》にやがて到達することを理解するのはた易い。だがそれだけではなく、光による明暗の利用、特に陰影付けもまた知覚正面の忠実な写生の中で気付かれ意識的に追求されたもので、その好例をレンブラントに、その極端なものをデ・キリコに見ることができる。

しかし三次元物体の描き方は知覚正面の写生に限るわけではない。現に幼児は知覚正面などさして気にかけないで机の面にいきなり四本の足をつけてしまう。幼児にとって机という立体は、後脚もまた机面に接続しているのである。この幼児が解している机という立体の意味がそうなのである。この幼児の解する机の意味に多少の変形を加えて整頓するならば、机の前面の視点からは前脚二本が机の面に接続する知覚正面、机の後方の視点からは後脚二本が机の面に接続する知覚正面、という二つの知覚正面の集合ということになり、それは言うまでもなく三次元物体の知覚正面の無限集合という公共的意味の部分集合になっている。そしてこの幼児はこの二つの異なる視点からの知覚正面を無雑作に重ねて描くのである。だがこれこそピカソやブラックといった巨匠のキュビズムの描法の萌芽に他ならない。なぜなら、複数の視点からの知覚正面を重ねて描く、というのがキュビズムの描き方の本質だろうからである。それゆえ、平遠、深遠、高遠という三つの視点を重ねて描く中国宋代の山水画もまたキュビズムに属していると言えるだろう。

　こうした意味でのキュビズムの描法を採る画家は、意識するか否かは別として、上述の知覚正面の無限集合としての三次元物体の意味に従って立体を描いた、と言えまいか。三次元物体のこの意味を平面上に展開するならばキュビズムの描法が得られるだろう。もちろん無限の知覚正面は人間には不可能事であるから、そこに不可避の省略が行われて有限箇の知覚正面の展開図にならざるをえないであろう。

　そこでどの視点からの知覚正面を選びどのようにして重ねて描くかはその画家が美的にすることであって、機械の設計図を描く場合とは全く異なっている。しかし画家も設計者も立体形を平面的に展開して描く、という点では全く同じ動機に従っているのである。

　立体形をどのように描くかという観点から見て今一つの奇想天外のものがある。サルバドール・ダリの引き出しの箱である。ダリは人間やキリンの胴や胸に穴をあけてそこに引き出しの箱を描いている。ダリ自身がどう考えたかは知らないが、それを三次元物体の内部の知覚正面を描いたのだと私は思いたい。

　ダリの奇想に較べるならばキュビズムは幼児の天真爛漫の常識であり、数十万年の人類伝統の立体概念の展開なのである。そこには何も難解なものはないし異様なものもない。何十万年見馴れた家具や動物の姿が見なれてきた姿で描かれているだけだからである。

四　空間への抽象

　キュビズムが人類伝統の立体概念の展開であることを理解するために、より広いコンテキストから眺めてみよう。

自然物にせよ人工物であるにせよ、われわれが目にする三次元物体には長い人間の生活史の中で制作され育まれてきた意味がある。山や川には人間との関わりからの意味があり、机とか茶碗とかには生活上の或る目的から実現された意味がある。元来科学的に見ればこれらの諸物体はみな単なる素粒子の集合であって、それらの総体である自然世界と同様に人間に関わる意味などは全くない人間無縁、価値無縁の死物である。だがこの死物に生活の中で関わる中で、この死物にそれぞれの意味、人間に関わる生活的意味が自然発生してのち、それらの意味が言語によって固定されて次々の世代に伝承されてきたのである。それによって死物物体は伊藤仁斎言うところの「活物」となったのである。それだからわれわれは今この人間的意味を剝ぎ取って活物物体を再び死物に戻すことが可能である。山であり机であることを忘れ、或いは無視して自然科学的立体を見るのである。実際アメリカのラウシュンバーグがレオナルド・ダ・ビンチの「受胎告知」について述べた言葉、「木も岩も聖母も同時にまったく同等の重要さを持っている。ヒエラルキー(事の軽重)がない」はその一つのヴァリエーションである。物理的に見れば聖母も木も岩も等しく素粒子の集団なのである。当然この死物世界は人間にとって何の関わりもない無意味な世界である。

しかしこの死物世界にもなお物質的物体、素粒子集団という最後の意味が残っている。空間とその部分を占める延長物体とを同一と考えたデカルトに対して、この物質的物体という意味を剝ぎ取ることは可能だと私には思われる。そのときわれわれが面するのは幾何学的立体形状である。幾何学というものが現に存在し、いつでも幾何学的考察が可能だということが、まさにこの幾何学的立体が経験可能だということの証拠になる。

更に一方、画家、と言っても主に西欧の画家だが、彼らはこの幾何学的立体にたどりついたと思われる。人間的意味を目指した写生から漸次その意味を意識的に無視して幾何学的立体を描くに至る、この通常「抽象」と呼ばれる過程が絵画史の中で進行してきたことは今日では常識ではあるまいか。

そして抽象が行きつく先の幾何学的立体は一体何を指しているのだろうか。美術史家が手軽に語る造形とか形態などにとどまるものではない。

立体形状とは、空間をその立体形の内部と外部に分割するものではないだろうか。そしてそのことによって、それ自身では把握不可能な空間というものを、たとえ部分的にではあっても画家とそれを視るわれわれに理解させるのである。ちょうど幾何学の命題、例えば三角形の三中線は一点に会するという命題がこれまた部分的ながら空間を理解させるのと全く同様に、例えばH・ムーアの人体の彫刻やセザンヌの山による分割の仕方がわれわれに空間を部分的に見えるようにして理解させる。おそらく自分では明確な意識は持たずに、画家や彫刻家は所与の事物から出発しながらも最適の空間分割を見せるようなデフォルメを行ない、それに合わせて最適の色彩を選ぶのだろう。色彩は空間的関係、例えば二つの面の傾きを目立たせる、という意味で「塗り絵」などである。

この「抽象」の過程は人間的意味に溢れた果物や机や人体を、その意味を忠実に写生することから、その人間的意味を捨象し剝ぎ取っていって空間を描く過程であると思われる。この抽象過程が画を描くという行為の最初から萌していることは、洞穴画、児童画、更にいわゆる素朴画に明らかではあるまいか。素人の印象としては、日本の浮世絵もまたこの始原的抽象に属するように感じられる。

もちろん、写生から空間へという抽象だけで絵画の歴史があるのではない。その他にも様々な動機や流れがあったであろう。しかしその中で抽象化が骨太の大筋の流れであったと私には思われる。

この空間描写へと進む抽象の流れの中で、キュビズムが大きな戦略的拠点であることはほぼ誰もが認めることだろう。空間を分割する立体を展開して描くことは、空間を描くという意図からすればむしろ単刀直入な方法ではあるまいか。更にこの立体展開に加えて空間の自由な切開がある。空間を分割する面は立体の表面であり、それらは画家が取りあげるモチーフによって既に決定されている。人体や机の表面は所与である。しかし空間を描くために展開する立体として画家はそれらを変形したり全く新しい立体を創造する権利があり、その自由がある。現代彫刻はこの自由をフルに享受している。だが、既成の事物を変形するにせよ全く新しく案出するにせよ、それは空間に自由な切開面を入れることである。そのとき画家の眼のメスが事物の自然の輪郭線を切ってテーブルや山を二分することもあるし、カンディンスキーやミロに多く見られるように、虚空に自由な線図を描く場合もあるだろう。切開の自由が強度に使用された場合には、出発点の自然的事物の見当がつきかねるモンドリアンの格子画のようになることも、出発点の探索を放棄して全く自由な立体の構想と見るべきことにもなる。

いずれにせよ抽象絵画の動機を事物写生から空間描写への流れとして把えるためには、まず空間の把握がどのようにしてなされるのかを理解しておくことが必要になる。それがなければ空間描写という言葉が内実を欠いた空々しいめくらまし言葉になってしまうだろう。

五　空間の意味の生成

事物写生から空間描写へという抽象絵画の流れは、換言すれば物質から空間へ、存在から空虚への流れだと言えるだろう。この物質的存在と空間との対比、つまり物質的存在の意味と空間の意味の対比を基礎付け裏付けるのは、五感で言えば視触覚と聴覚の対比であるように思われる。

「物」の意味を形成する基本に視覚と触覚があることは比較的明瞭だろう。ここで第二節で述べた触覚の両義性を思いだして戴きたい。手の触覚を触れている物の感覚ともとれるし手の皮膚の感覚ともとれる両義性である。この両義性を満足させる自然な解釈は触覚を自我と物との境界の感覚とすることだろう。この境界の感覚は、食物との接触である味覚や、異性との接触である性的接触でも明瞭に経験される。スキンシップとは自分と他者との境界接触の感覚なのである。この境界の感覚という解釈が視覚に自然に移調できることも理解し易い。色彩や形の視覚風景は自我と物との境界の感覚である、と。この視覚と触覚とから「物に面する自我」という意味が発生してきたものと思う。それは物の極と自我の極との間に張られた緊張の場であり、やがて物の極からは物の意味が、自我の極からは自我の意味がペアになって形成されてくるだろう。当然物の意味から独立した自我の意味も、自我の意味と無縁の物の意味も、磁気のモノポールと同様に極めて稀にしか成立し得ない。

この物と自我の両極が張る視覚と触覚の状況を聴覚に較べると、聴覚には視触覚に匹敵するような強力な物の極に欠けているのに気付くだろう。音には視覚や触覚の場合のように明確な定位置がない。音の聞こえてくる大まかな方向はあるが、どこそこと言えるような安定した位置がない。視覚風景で言えば薄明や夕暮れのほのかな光の明暗や月明り星明りのぼんやりした物かげに似た定かならぬ影の濃淡に似た曖昧な位置しか音には与えられない。それに加えて音の持続は甚だ短いので保持することが甚だ難しい。音はまさに絵に描いたような無常、いや音に響く無常のものなのである。

この音の虚弱と言える性格によって、視覚や触覚の場合のような境界面を語ることは無理になる。しかし自我と音という分極は視触覚の場合と同様にある。このことから、聴覚の場合には「物」の極は弱小化退化して、代わりに「空間」の意味が発生するのだと考えられる。一方自我の極は相対的に強力になることから、この空間は自我の領域として感じられてくる。それ故、音は外部の音を境界面で聴くのではなく、音は自我の内部で響くのである。この自我の領域と感じられる空間にまで拡大された範囲を仮に「大我」と呼ぶことにすると、音は大我の内部感覚だということになる。すると音楽を聴くときの比類のない感動も理解できることになる。それは音を自我が聴いて感動するのではなく、大我自体が揺れ動くことだからである。もちろん音楽に限らず他人の声もまた大我の中に侵入して大我を揺らせることで親密なものとなる。一方ガラスをこするような音とか政治屋のダミ声のような厭な音が侵入して大我の内部をゆすぶれば、それは嫌悪の状況そのものになる。こうした音の侵入で大我の内部が揺れることは、五体を領域にする通常の小我にとっては内部ではないが、小我の極めて身近の揺れとして、疎遠な視覚風景などとは比較にならぬ身近さを感じさせるのである。

このような自我にぎりぎりまで接近する音の経験から「空間」の意味が生成してくると考えるのは自然だろう。この意味の空間は自我をひたひたと包む、そしてどの方向にも限りがない無限空間である。この聴覚から生成した無限空間は、やがて視覚や触覚の風景に重ねられると、視・触覚から生成してきた意味である「物」がそこかしこに位置する事物空間となり、それが無際限に拡大されれば「世界」の意味になるだろう。

われわれが現在もっている空間の概念は、ここで述べた通りではないにしてもそれとさして違わない縁起を持っていると思う。われわれの素朴な空間概念、空虚で物体をその中に蔵している空間の概念に最も適合した縁起だからである。

六　空間、そこに考えられた図形

この音の風景から生成した空間は、私達が現在持っている空間概念の基盤でもあり骨格でもあるものだが、言ってみれば無限の拡がりとでも言う他ないような空漠である。しかしこの空漠は虚無ではなく、無限の多様性を持つ図形を描き込むことができる豊饒な母胎なのである。直線、曲線、三角形……これらの幾何学図形はこの空漠たる空間の中に考えられたものである。知的に作図されたものである。だからそれらの図形は知覚することはできない。拡がりのない点、幅のない線、厚みのない平面は、知覚されるのではなくてただ考えられる図形としてユークリッドは定義した。それらは知覚できないから経験的には意味がない、という実証主義的浅慮から、ホワイトヘッドは例えば段々に幅が狭くなる知覚可能な直線の極限として定義し直そうとした（extentional abstraction）。しかしその「極限」は再びただ考えられるが知覚できないものであることには変わりがないのである。更に、知覚可能な「幅のある線」という意味の中に既にその幅の両側の「幅のない線」の一つに他ならない「端《はし》」という知覚不能で思考されるだけの概念がいや応なしに含まれているのである。

　こうして音聴覚から生成した空漠たる空間を生地としてその中に思考される各種図形についての系統的に編纂された命題集が幾何学なのである。幾何学の図形が想像の中の事物のように特定の位置を持たずに空間の任意の場所に思考されているのはこの故なのである。

　幾何学の図形がかくかくの性質を持つ、あれこれの定理が成り立つ、ということは、その図形が思考的に描き込まれた空漠の空間がそのようなものであることを示すという意味で空間自身の性質を示すことに他ならない。生地である音響空間自身が図形抜きで元々表している性質は恐らく三次元無限ということだけだろう。それ以外の性質はほとんどすべて幾何学が発見し証明したものである。

「空間とは一体何か?」という問には誰しもが困惑するが、それはこの空漠空間と幾何学的ディテールの関係が十分明確でないからであろうと思う。しかしその関係が明確になった今ちゅうちょする理由は消えた。空間とはあの幾何学の無数のディテールが示す性質を備えた三次元無限の空漠空間のことなのである。

七　キュビズムの空間描写

幾何学の図形が空漠空間の中に考えられたのに対して、森羅万象の諸物体はこの空間の中に存在する。そして先に述べたように、これら三次元立体は空漠空間を内部と外部に分割する。その内部と外部との境界面に重ねて幾何学的立体図形を考えることができる。この幾何学図形が空間の性質を示すものであるのだから、当然それに重なる物体もまた空間の性質を示すものである。それゆえそれらの諸物体を描く画家は、実は空間を描いているのだと言えるはずである。もちろん画家自身は人体や山やリンゴを描いているつもりであろう。しかし画家の意識に関わりなく、その画家は幾何学者と同じ意味で空間を描いているのである。

それゆえ画家の描く絵にもまた両義性があることになる。この物的世界の写生という意味と、空漠たる空間の画という意味との両義である。そして物的世界の写生という意味から空間の描写という意味への極性の移動が抽象の流れである。それは人間的意味の世界から空虚な空間への流れとも言えるし、物質世界から空間それ自身への流れとも言える。

この抽象という流れの中にキュビズムを置いてみるとき、それは幾何学図形が空間の一つの性質を表現するのと同じ意味で、空間の性質を表現する描法であると言える。その描法とは、物体の形状に沿って空間を分割することで、それなしにはのっぺらぼうの空間を、切開して見せるのである。その立体形状を表現するのに幾何学の立体展開図に酷似した図法を使う事実は、ピカソやブラックの画家としての直観が偶然そうしたということよりも一段と根の深い状況から発しているように思われる。

視覚の両義性にたちもどれば、知覚正面を描く方向に透視図法の発明があったのと平行的に、立体形状を描く方向にキュビズムの発明があった。この透視図法とキュビズムは共にそれ自身は空虚で描くすべのない空間を曲がりなりにでも描く手法であり、絵画を物的世界の写生から空間の描写に進める抽象の道への大きな寄与であった。

*
*

5 存在の意味

「語り存在」

科学と宗教、* という対立については、それこそ汗牛充棟で耳にタコができているところを今さら繰り返すことはないだろう。代りに視点を少し斜めにずらして、その対立自身の性格を考えてみよう。その対立が往々あまりにステレオタイプに設定されているために、主題があくびのでる話になってしまうからである。

この小論では、「存在」ということの意味を検討してゆくことで、遠く離し過ぎた科学と宗教の間を歩行可能な道でつなぐことを試みる。そのために幾つかの飛び石を置いて、飛び石伝いの道ということになるだろう。飛び石としては、日常生活での物体の存在、クォーク等の理論的存在、虚数その他の数学的存在、昔からの難題である普遍の存在、光源氏のような物語り存在、さらに過去形の存在、こうしたさまざまの存在の意味を順次確認してゆく。そうしてこれら複数の存在意味の配置の中に改めて科学と宗教を置いてみれば、何か新しい図柄が浮びあ

* 本論文の初出は『岩波講座　宗教と科学③』である。

がることもあるだろう、というもくろみである。

一　日常的物体の知覚存在

さまざまな存在の意味の原点になるのは、日常生活の中での物体の存在の意味であることに異議はないだろう。日常生活の中での物体の存在はわれわれの生存と結び付いている。いやそれらの物体の存在が生存そのものなのである。食物、武器、道具、危険な害獣や虫、それに異性、親子兄弟仲間、そして生活の場である野山や森や川や海、これらはすべて三次元の物体として人間の生存を構成する。これらの物体の存在を疑うことは、生存そのもの、つまり自分が生きていることを疑うことになるのだから疑うことは不可能なのである。歯や腹の痛みを疑い自分の空腹を疑うことが意味をなさないのと全く同様に、生存そのものであるこれらの物体の存在を疑うことは意味をなさない。

これらの物体の一つを見るとき、われわれは何を見ているかについての両義性が歴然としてある。机とか樹木とか人体とかの立体物体を見ていると言えるとともに、見ているのは実はその物体の知覚正面だとも言える、その両義性である。そしてこの両義性の中から、三次元立体としての物体の意味が発生してくるのである。すなわち、例えば机ならばそれを見る視点によってその知覚正面は変化するが、そのように変化する知覚正面を持つということが机の立体形状の意味に他ならない。表からはこう見え裏からはこう、そして横から下からはこう見える、とあらゆる視点からの見え姿（知覚正面）を指定すれば、その立体の形状が指定される。視点は無限だから実用的にはその代表として、正面、側面、上面からの見え姿を指定したものが機械や器具の形状の設計図なのであり、用器画の作図法もその一例である。簡単に言えば、各視点からの見え姿（知覚正面）の無限集合として立体の意味が与えられる。哲学史の上でもこの立体の意味は古典的である。カントが見え姿を感覚に与えられた表象としてその表象の綜合統一を実体としたこと、フッセルが見え姿を射映と呼んでその指向的統一を指向的対象としたこと、これらは共に無限箇の見え姿の集合の統一を立体の意味とすることの別表現なのである。

この無限箇の見え姿は、一つの立体形状を囲む無限箇の視点からその立体を見るときの知覚正面なのだから、バラバラではなくて整然とした統一的秩序によって組織されているはずである。われわれはその立体の無数の知覚正面を繰り返し経験することの中で漸次この秩序を了解するが、その了解がとりも直さずその秩序の下の無限箇の見え姿の集合を了解すること、そしてそれがとりも直さずその無限集合としての立体形状の意味を生成制作することに他ならない。

その立体の意味（例えば円筒の意味）を制作し終えた後は、例えば海苔の筒を一つの視点から見れば立ち所にそれを円筒として把捉し、他の任意の視点からの見え姿を予知できるのである。この他視点からの円筒の見え姿の予知が適中することの確信をもたらすものは、それまでの円筒の経験からの類推であり、その類推を支えているものは「帰納」に他ならない。

その帰納の成功を保証する証明のようなものは何もない。帰納、つまり有限箇の前例から新例を推論する仕方を演繹論理によって証明することが不可能なことは、今日では周知の事実である（そのことを説明することはできるがここでは省略しよう）。有限回n箇の事例がn＋1回目の事例に何の影響も与えないことは、例えば確率論の中でも公認の事実である。それにもかかわらず、自然法則は有限回のテストでその妥当性を承認される、というのが自然科学の根本的合意である。このことは、自然科学はその本格の検査手続きを省略して、簡易的な帰納を受け入れていることを示している。帰納を根拠不問で受容しているのであり、それゆえこれを帰納信仰と呼ぶことを許されるだろう。

だがこの帰納信仰は自然法則というかなり高度な段階で発現するのではなくて、今考察している日常的事物の存在の意味の中ですでに働いているのである。三次元立体の事物の意味をその見え姿の無限集合とするとき、その集合の要素である見え姿の間にある統一的秩序が時間を通じて維持されていることは長期にわたる経験によって知られるが、それが今後も維持される であろうと信じるのがこの帰納信仰なのである。この信仰がなければ、われわれは立体的事物の安定した意味を制作できなかっただろうし、少なくとも現在持っているような事物存在の意味も生成できなかったに違いない。

ここで立体事物の意味とその事物が存在するということの意味を同一視したのには、理由がある。机であることの意味とは、実は「存在している机」であることの意味に他ならないからである。立体事物の意味である無限集合に属する或る視点からのその事物の見え姿や触感とは、そこに存在している事物の見え姿や触感であり、それ以外にはありえないだろう。だから当然、立体事物の意味は、その事物の存在することの意味と全く同一なのである。

このことこそバークリィの有名な「存在《エッセ》とは知覚《ペルチピ》」のモットーの核心なのである。知覚される事物である限りは、その存在することの意味は、その事物が如何に知覚されるかというその事物の意味と同一でしかありえないからである。この点ではバークリィは全く正しかった。バークリィが間違ったり混乱したのは、何らかの理由で知覚が妨げられる状況、例えば誰も見ていない机のような場合であった。そして原理的に知覚とは異なる状況、例えば過去や未来とか数学的思考の場においては、彼のモットーが適用されないのは当然のことである。

しかしそれが知覚の状況である限り、存在は知覚そのものである。机の姿が見えたりそれに触れるとき、その見え姿や触感の中にはその事物の存在が籠もっているではないか。その見え姿とは存在しているのが見える姿であり、その触感とは存在している物としての触感ではないか。存在するとは、その事物がそこにかく見えかく触れることと切り離された何か別の抽象的観念ではない。かく見えかく触れるそのことがまさに存在なのである。

このように、知覚の場では知覚されることの中にその存在が籠められている。まさにそれゆえに、知覚された事物が実は存在しない虚妄ではあるまいかという疑いがここでは不可能なのである。かく見えかく触れることが存在することに他ならないのだから、しかも存在しないのではないかという疑いはその意味を喪失する。カントの『純粋理性批判』第一版の第四誤謬推理批判の論点は、このことに他ならなかった。この論点こそデカルトの方法的懐疑に対する唯一の解毒剤なのである。

しかし、このような哲学的論議のはるか以前に存在の意味は知覚の中に籠められてきたはずである。人間の生活の中でかく見えかく触れる、物を食べ、かく見えかく触れる、異性を追って性的に交わる。一方ではかく見えかく触れる、猛獣に襲われ、岩角で傷を負う。そうした生活の場でのさまざまな事物に、存在の意味が籠められないということがありえようか。死と生に関わる物こそ、まず第一に存在する物であるはずである。だから「存在」ということの意味は、そうした生死に関わる事物（すべて立体の事物）の知覚の中で発生し育まれてきたはずである。そうやって生成した存在の意味は数限りない世代に伝承され、また各世代それぞれの生活の中で使用されてゆくにつれて生長し、また強固に定着するようになったのに違いない。われわれ現代人が通用させている存在の意味は、こうした伝承と使用の結果なのである。

しかし、今日のわれわれは祖先たちの生活とは随分違った生活の中で、祖先たちには想像もつかなかったさまざまのものに接しており、それらのものに適応する存在の意味を制作し使用している。しかしそれら異様な新しい存在の意味もすべて、あの最古の存在の意味をその発祥の地としている。最古の存在の意味とは、立体的事物の知覚の中に籠められた存在の意味である。そのバークリィ的意味こそ他の変種の意味の原型ともいうべき意味であり、数億年の歴史を持つ先祖直伝の存在意味である。それゆえ、この存在意味を出発点にしてさまざまに派生した意味の検討にとりかかろう。

二　細菌の存在の意味

前節での日常的物体の知覚存在の意味と対照的な存在意味がある。それは当然ながら、知覚できない種類の存在の意味である。例えば、知覚されるのではなく思考される数学的対象が存在することの意味がある。だが今一つ注目すべき存在の種類がある。それは物体と同じく日常知覚世界に属しながら、肉眼で見たり手で触れることができないほど小さなものの存在である。けし粒やゴマ粒も小さくて見えないが、それよりさらに小さいものと考えられている細菌、ウィルス、赤血球、白血球、抗体、ニューロンその他の各種細胞、といった主として生物を構成する微小な物体であるが、結晶その他無生物の構造も、同じく見えないほど小さな物である。こうした微小生物を代表とする微小な物が存在すると考えられてきたのは比較的新しい時代であるが、存在すると考えられる以上は、それら微小な物が存在するという意味が制作されてきたはずである。そうして制作された微小物存在の意味は、知覚可能な物体の存在意味とは全く別種の性格のものであることは当然である。それら微小物は見えも触れもできないのだから、物体の場合のような見え姿や触感などの集合は無意味である。

微小物の存在の最大の特徴は、それらは知覚できないほど小さい存在だと考えられた（思考された）、ということである。物体の場合の知覚に対してここでは思考が登場するということの意義は大きく、「思考される存在」という性格は、理論概念である各種素粒子や数学的対象、それにパリとかシリウスのように遠隔の場所にある存在に至るまで共通に保存される。さらにもし宗教的存在なるものに意味があるならば、それも同じく知覚されるのではなくて思考される存在であるだろう。

例えば風邪をひいた現代人は、何かのウィルスか細菌が喉や鼻の粘膜に附着し、そこで免疫細胞や抗体と反応して炎症症状が起きていると考える。ウィルスや細胞は明らかに考えられた存在であり、しかも知覚されるには小さ過ぎる何物かであると考えられている。医師ならば顕微鏡でそれらを確認しようとするだろう。彼は喉の表面を綿でこすってプレパラートに塗りつける。彼は細菌類はこの作業で喉の表面からプレパラートに移動したと考えている。細菌は移動させうる小物体だと考えているのである。彼はそこで顕微鏡の視野で染色された或る形状を見て、それが細菌の拡大された姿だと考える。しかし彼は細菌を肉眼で見たことはないのだから、顕微鏡で見える形状が細菌の本当の形の拡大相似形であるかどうかを知ることはできない。同様に、自分の親指の皮膚の中に在ると考えたDNAが電子顕微鏡やX線解析像から結論された有名な二重螺線であるかどうか、誰にも知ることはできない。

それにもかかわらず医師は、顕微鏡で見たものを細菌の拡大相似形であると考える。それに相似形の細菌がそこに存在すると考えるのである。

このように彼が考えるのは、これまで何千万という医師が積み重ねてきた莫大な経験に整合するからである。風邪症状について、顕微鏡について、医学の研究法についての夥しい経験である。だがこれらの経験のほとんどすべてが、見る、触れる、痛む、といった知覚経験なのである。

ということは、細菌の「考えられた存在」の意味はこれらの知覚経験に整合し適合するように作り上げられているということである。つまり、細菌の「考えられた存在」の意味は知覚世界に適合にするように制作されている。その制作には大変長い年月を要し、試行錯誤の連続であったろう。だがそのことは同時に、この「考えられた存在」の意味は実に長い年月を通してテストされ修整され精錬されながら生成してきたのであり、その結果ほぼ満点に近い成績で成功してきたのである。だがこの安定した成功に至るまでの道には、今にしてみれば奇怪で超自然的な試行の意味の死骸が累々と横たわっている。意味の進化史は生物の進化と同様に、一将功なりて万骨枯るなのである。

細菌の「考えられた存在」の意味は知覚世界に適合する、ということはどういうことなのかを考えてみよう。それは、細菌の存在を仮定した事態の描写が知覚世界を正しく描写しているということ、知覚世界の知覚的描写と合致しているということではないか。例えば細菌による喉の炎症の描写が咳や痛みに合致し、同じく小腸粘膜上の炎症の描写が下痢の症状に合致するというような合致である。これを言語的に言い換えると、細菌という語を含む人体の描写が知覚語による描写と時間的空間的に一致することである。これを再び言い換えると、細菌を含む描写と知覚描写とがほぼぴったり重なり合うということであり、この重なり合いを「重《かさ》ね描《えが》き」と呼びたいのである。

この重ね描きは次節でミクロとマクロの重ね描きを説明するとき一段と鮮やかになるが、微生物を含む描写が知覚描写の重ね描きとなり、それがほとんど常に成功するということこそ、その微生物が確かに存在するということであり、同時にそれが存在するということの意味でもある。

通常は細菌の存在を原因として咳やくしゃみという知覚症状が結果として起ると言われる。この因果関係のカテゴリーと重ね描きのカテゴリーはその働きがほぼ一致するが、因果のカテゴリーが個別的な因果連鎖をより明確に表現するのに対して、重ね描きのカテゴリーはそれら個別の因果を統括して一挙に表現するのに適している。そのために存在の意味の探究のような場合には重ね描きのカテゴリーがより適切なのである。実際ここで因果カテゴリーを使えば、細菌の存在は結果から原因への不確かな推論として扱われるだろうし、またそう扱われてきた。それに対して重ね描きの観点から見るとき、細菌の存在の意味が包括的に把捉できるのである。

そして細胞の存在を内含する描写が知覚描写の重ね描きになっているということは、細菌存在を内含する描写が生活世界を語ることに知覚描写と同程度に成功していることを意味する。つまり、咳や痛みや熱で語られる生活部分を細菌がどうしたこうしたという「細菌物語り」でも語りうるということである。この細菌物語りで生活世界を語りうるということこそ、細菌がこの生活世界に存在しているということに他ならない。もし存在しないならばどうしてそれについての物語りが生活世界を見事に語れるのか。

細菌は小さすぎて肉眼で見えず、手で触れることはできない。しかし生活世界の中でそれについてさまざまに語ること、しかも成功裡に語ることができる。この成功裡の語り方の中で「細菌」という言葉で考えられていること、それがまさに細菌の意味であり同時に細菌が存在することの意味である。この微小な物の存在の意味を「語り存在」と呼ぶことにする。

三　原子等の存在意味

原子、分子、素粒子等の理論的概念の意味をどうとるかの問題は、今世紀初頭の論理実証主義者のような経験主義の過激派にとっては躓きの石であった。だが当然予想されるように道は一つしかない。すなわち、いかにあやういものであろうとも経験との接点となる実験と観察へのつながりから溯る以外にはない。すなわち、理論概念を含む理論命題と実験観察の状況を述べる補助命題から演繹される経験命題という、仮説演繹法と呼ばれる理論構造を逆にたどって、その終点である経験命題をその始点である理論命題の意味の中核とするのである。

だがこの逆方向の仮説演繹の道は、前節での因果カテゴリー同様に個別的であり過ぎる。それも当然で、仮説演繹は因果関係の理論的表現に他ならないからである。共に個別的であるために、一団としての理論概念相互の間の関係や実験観察相互の間のつながりが視野の外に落ちてしまう。それゆえ個別的な因果や演繹にあまりに固着することを止めて、理論と経験との接続を全面的に展望してみよう。ただ一個の理論や個別の概念ではなくて、すべての理論とすべての理論概念を総体として展望してみる。それら理論から演繹される実験観測の経験命題もまた夥しい数に上るだろうが、それらは総体としてみればわれわれの経験世界とよく合致してきたと言えるだろう。もちろん中には一致しないものも若干はあったしまた常にあるだろうが、それらは理論の局部的な小修整（例えばパラメータの変更）で訂正できるだろう。自然科学が大局的に見てほぼ成功していることはほとんどの人が承認するだろうし、承認する人はこういう楽観論をも受け入れるだろう。

こうした経験世界の科学描写は当然その同じ世界の日常的な知覚描写と重ね描きになっている。この重ね描きは、この場合は、日常言語によるマクロ描写と原子その他を含んだミクロ描写との重ね描きであり、その一つの古典的実例はルクレティウスの“De rerum natura”としてよく知られている。

直接には知覚できない原子その他の理論概念の意味は、この重ね描きの総体の中で考えられた意味としてある。その具体的な意味がどういうものかは、現代の自然科学者すべてに共通に知られている。科学の学習者は長い時間をかけてこの意味を学習し、その意味の使用に習熟してゆく。そういうものだから原子その他の「考えられた意味」は科学の発展段階によって異なる。或る時代の意味はそれの不断の使用によって強化されてゆく反面で、経験と食い違いがでれば修正変更されてゆく。こうした意味の進化の過程がなだらかなものか、あるいはクーンのパラダイム論のように階段状に変化してゆくものかは別の問題であって、ここでは関心の外にある。とにかく今日われわれが考えている原子その他の意味は、歴史的進化の中で伝承されてきた意味なのである。

前節の細菌の場合と同様、ここでもまた、この原子の意味は存在するものとされた原子の意味なのだから、それは同時に「原子の存在」の意味でもある。

したがって原子、電子、クォーク等の存在の意味は再び「語りの中の存在」だと言うことができる。前節で導入した「語り存在」なのである。

そう言うことは通常の存在についての考え方を逆転することになる。まず何かの形で原子が存在してそれを言語で表現する、という通常の考えを捨てねばならない。事は正反対であって、日常言語描写に重ね描かれる新しい一つの語り方、一つの新しい言語、すなわち自然科学の言語が開発案出される、そしてその開発の中で原子の存在の意味が新たに開発されたのである。語られるということによって対象性が発生し、その対象性が存在に成長する、と考えたい。科学言語という新しい言語の語りの中で新しい存在意味が生み出されたと考えたいのである。科学言語の語りが原子存在の意味を創造制作したのである。

もちろんこれは言語が原子を創造したり原子の存在を創出したということでは全くない。しかし存在とは何をおいても言語外の事実の中、世界の中のことだという思いが抵抗するだろう。しかし、科学言語で世界を語る、それも世界とぴったり合致するように語るという困難きわまる作業を考えてみれば、その中で原子の存在という日常事物とは異なる存在の意味が生み出されたというのは理解できるだろう。むしろその存在意味は生まれざるをえなかったのである。それが生まれなかったならば原子や電子が関与する経験の或る部分の描写は不可能であったに違いなく、科学言語は重ね描きに失敗し、例えば朱子学の陰陽言語のようにそれを今日学ぶ人は篤志家の他はいないだろう。

簡単な例で示そう。蛍光灯が光っているのを管の中の原子の光子の吸収放出として語るということの中に、原子や光子とその存在の意味が含まれているだろう。こうした語りが繰返され蓄積されてゆき、やがてはそれが標準的な語り方になる、といった事態を想像してほしい。その過程で初めは漠然として捉え所がなかった原子とその存在の意味が、だんだん煮つまって定かな形をとるようになる、具合の悪い所は補正されるが都合よくゆくたびにその意味は強化されて、やがて安定した公共的使用の段階に至る。語りの中で存在意味が創造されたのである。その創造された存在意味に従えば、蛍光灯はもちろん人体にも家具の中にも確かに原子は存在するのである。だがこの事実は原子存在の意味が科学言語の語りの中で創造されない間は語られることはありえず、憶測されることも不可能だったのである。同様に、二〇世紀のわれわれには想像もつかない事実がいつしか新しい言葉で語られるだろうことも、まず確かであろう。

存在の意味と言語との間にある血のつながりとも言える関係が、論理学者のクワインによって指摘されている。「存在とは（全称量化詞《クオンティファイアー》と存在量化詞の）変域の値となること」、というクワインの法則とも呼んでよい指摘である。これが見事な発見であることは疑いない。しかし、このクワインの法則は、上に述べた「存在の意味」の制作が完成された後に生じる、言語の論理構造の指摘にとどまる。存在の意味の制作（創造）に参与するものではなく、その事後的な結果に過ぎないのである。そうは言っても、存在の意味が、ちょうど胎盤が母体の子宮壁に食い込んで共有の血管網を造成するように、言語の血流の中に食い入ることをまざまざと見せるものである。否、存在意味は胎盤などでなくて胎児そのものであり、言語の子宮の中で発生し、言語とともに成長してゆくものである。このことは、物体や原子といった物質の存在意味から、それと違った数学的対象や普遍の存在意味を考えてゆくときにますます鮮やかに見えてくるだろう。

四　普遍と集合の存在意味

中世の西欧で起きた普遍の存在をめぐる有名な普遍論争は哲学史のお蔵入りしたわけではなく、現在なおことあるごとにむしかえされる。この節ではこれまで述べてきた路線の延長の上に、普遍の存在の意味を制作することになるだろう。

普遍に関する経験論者の苦情の源は、普遍が何を意味するか了解できないという点にある。個別的な個々の犬が何であるかには何の問題もない。その姿を見、その声を聞き、手でなでればよい、つまり知覚によって苦もなく了解できる。ところが犬一般という普遍は見えもせずさわれもしない、捉え所がないというのである。ロックが提案した三角形一般に対してバークリィが、等辺でもなく不等辺でもない、直角でもなければ鋭角でもない、そんなないない尽しの三角形などあるはずがない、と嘲笑したのがそれである。

だがバークリィのせりふの欠陥は見え見えであろう。つまり彼は、普遍的三角形に個別的三角形と同様な知覚可能性を要求してそれがないことを罵っているのである。しかしこれはバークリィに限ったことではない。ソシュールを始め言語学者の多くは、一般名辞である「牛」とか「三角形」の意味として得体の知れない「イメージ」を考え勝ちである。すなわち、想像の中で知覚できるような牛や三角形の定かならぬ姿を一般名辞の意味だとするのである。

普遍を何か知覚可能なものと考える、というこの強力なしかし何の根拠もない誘惑に負けるのが、経験論者や唯名論者のはやり病なのである。そしてヒュームのように、了解済みの個別者の把握から何らかの心理的あるいは論理的な仕組で普遍の了解を組立てようとするが、それは論点先取とか循環論の罠に落ちてしまうことはフッサールが『論理研究』でとっくの昔に指摘した通りである。

だから経験論の病的懐疑などは無視して、普遍がわれわれの経験の中に出現している現場を直視することである。

普遍が出現する場所は日常生活である。

「あそこに犬（a dog）がいる」と思うとき、または口にするとき、その「犬」は普遍の犬であってそこに知覚されている個別の犬ではない。だがそのとき何か犬の映像のようなものがちらりと心に浮んだような気がするだろう。そしてそのはっきりしない映像のようなものが「犬」の意味であり「犬」の普遍だという気がして、それをイメージとかイマージュとかと呼びたくなるかもしれない。

それこそ言語学者がかかる罠なのである。多少の哲学的警戒心さえあれば、普遍がそんな知覚像まがいのものであるはずがないことに気づくはずである。普遍とは考え思われる（conceive）もので、知覚される（perceive）、または知覚的に想像されるものではないのである。そのことをもっと明瞭にする例に移ろう。電車で向かい側の人を見て、「銀行員だろう」とか「教師じゃないかな」と思う。今度は銀行員とか教師の映像のようなものが心をかすめることはないだろう。銀行員や教師の映像などはどこにもないだろうから。そのときあなたは「銀行員」や「教師」の普遍を思い考えていることが明瞭になっただろう。また古典的な例としてデカルトの「千角形」がある。知覚想像の中で千角形を千一角形や九九九角形と区別できない。それが区別できるのは千角形その他を考えているからである。

ここで事例として挙げたのは、動物や職業の種類名詞の普遍であるが、名詞以外の品詞についても全く同様である。品詞の中で普遍を明確に表現しないものは固有名詞と接続詞ぐらいである。すなわち、われわれが使う言語の語彙の恐らく九九%までは普遍なのである。

それゆえ、われわれが何か言語を使用するたびに何かの普遍の了解が伴っていると言える。つまり、普遍の了解は誰にとっても全くの日常茶飯事であって、それには問題となるようなことは何もないのである。それなのに経験論の偏執が普遍を何か解明を必要とする問題だとし、第二にその解明を個別者の知覚を土台とすることを要求する。それはあたかも二本足での歩行を問題として、左右片足の運動の組み合わせで説明することを要求するようなものではあるまいか。経験論の信奉者にこのような理不尽な設問と解答を要求させた原因は、普遍の了解が思考的であることを見落として、個別者の了解と同様に知覚的であると誤解したことであろう。その証拠として、彼等は言葉の「意味」すなわち普遍を、何か知覚的なものとしてイマージュとかイメージとして捉える傾向がある。

では普遍や意味を思考的に捉えるとは具体的にはどんなことか。それは例えば、普遍である「三角形（一般）」を、個々に知覚される三角形をすべてその一例（instance）とする或るものとして考えることである。また個々の赤色をすべてその一例とする或るものとして考えられるものが赤の普遍である。当然そうして考えられた三角形の普遍は個別三角形に類似する知覚される辺や角を持たないものとして考えられており、赤の普遍は赤にせよ青にせよどんな知覚的色も持たないと考えられている。

クワインはかつて、方法的唯名論《ノミナリズム》として普遍をできるだけ含まない言語の可能性を検討して、数学を語るためには最小限として集合の概念が不可欠であると結論した。

その集合とは普遍という内包に対しての外延であるから、集合もまた当然知覚されるものではなくて考えられるものである。

夫婦と子供三人の家族という集合はそれぞれに知覚できる成員と違って知覚できない。その成員を見たり彼等と握手したりはできるが、その家族集合（○○家）には見らるべき肉体もなく握るべき手もない。その家族集合とはその知覚可能な成員を要素（member）とする集まりとして考えられたものである。そしておよそ何かの集まりを指示するとき必ず何かの集合が了解されているのだから、集合も普遍と同様に日常茶飯のことである。普遍の了解と集合の了解はこうして同じレベルにあるのに、一部の経験論者は集合の方により高い安全度を与えて、普遍を承認することをプラトニズムと呼んで犯罪視するのは、明白な人種差別である。また、集合とその要素との関係（membership relation）を他の概念から説明しようとする試みがあるが、その要素関係は集合が考えられる中にすでに含めて考えられているゆえに、説明要求は空を打つことになる。

ではこうして考えられた普遍や集合は果して存在するのか。普遍や集合は考えられるものだということは認めるが、考えられることは存在することと全く別のことではないか、考えるだけで存在しないということは十分ありうるではないか。これは全く筋の通った疑問である。しかし、この疑問の中核である普遍や集合が「存在しない」という場合の「存在」は一体どんな意味の存在なのか。われわれはまだ普遍や集合が「存在する」ということの意味を知らないではないか。事の核心はまさにそこにある。普遍や集合を考える、その体験の中においてそれらの「存在」の意味が初めて生成され制作されるのである。

何事を考えるにせよ、例えば夕食のこと、明日のこと、仕事のことを考えるという状態は、ひどく曖昧模糊として捉え難く雲を掴むように流動的な経験であることは誰もがよく知っている。その定かならぬ経験において、夕食や明日のことが、風がちらりと頬に触れるように私に触れて過ぎてゆく。私はこの逃げ腰の一瞬の接触を辛うじて言葉の網にすくい取る。そして、「夕食はうなぎにしよう」とか「明日は休もう」とか考えるのである。普遍や集合を考える場合もそれと同様に、例えば「犬の普遍」や「山口組」の集合が私に吹き過ぎる微風のように触れるのである。それは捉え難くはかない束の間の接触であるが、それでも普遍の存在や集合の存在に触れることには違いない。だが上に述べたように言語の語彙のほとんどは普遍である。だから何かの言葉を言い何かの言葉を聞き取るごとに、何かの普遍と束の間の接触が経験される。その一回毎の接触ははかなく心もとない接触であっても、長い年月の間の厖大な集積の後には、いくらか形を整えたものに結晶してゆくと考えても不自然ではないだろう。一言でいえば、言語使用の語りの中で普遍の意味と普遍の存在の意味が制作されるのである。この言語的制作をプラトン、アリストテレスの言葉を借りてポイエーシスと呼ぶことが許されるだろう。

ほぼ同様のことが集合の存在意味に対しても言える。普遍がほとんどすべての言語使用に登場するのに較べるなら、集合概念が登場する機会は少ないが、集合との風のような接触が形を整えて結晶するには十分な機会がある。家族、夫婦、○○組、○○会、○○社、こうした集まりは数限りなくあるし、主語―述語形式を論理学者の言うように集合―要素関係に解するならば、言語使用のいたるところに集合が登場する。その結果ここでも集合および集合の存在の意味のポイエーシスが成就する。集合の存在もまた語りの中で制作されるのである。ここでの集合はありふれた有限集合を考えているが、無限集合の意味もまた制作可能である。それはカントールによる集合論から始まって、ブルバッキイによる数字の集合論化に見られるような濃密な集合論語り《トーク》の中で、無限集合の意味が制作され、またその存在の意味も制作されてきた。無限集合という非日常的な意味と存在が、集合の語りの中で学習するわれわれに触れる。その学習に十分習熟することの中で、かすかに触れていた無限集合の意味と存在がやがて結晶し、さまざまな言語ラベルを貼られて強化補強され、ついには家具に匹敵する確固とした存在を獲得する。この過程は無限集合語りの訓練を受けた数学者では加速されて、彼等には無限集合などは座右の存在になっている。

ここまでくれば、今さら普遍は存在するのか集合は存在するのかという問いは間の抜けたものになる。それらの意味が経験の中で生成されてくる全過程を通じて、それらはずっと存在していたからである。その過程の結果として制作された存在の意味に従って存在していたのである。その存在の仕方が形を整えたものがまさに制作された存在意味なのだから。

その存在意味は別段難しいものでも深刻なものでもない。犬と言い雨と言うとき、誰もが熟知している平凡な意味である。普遍も集合も机や原子とは違った意味で存在する。しかし机や原子と同様に平凡で親密な意味で存在する。自称経験論者からあれほど罵詈雑言を受けてその存在が危うくなったプラトンのイデアもまた確固とした存在を回復する。

そして再び普遍や集合の存在意味は、それらを語る語りの中で制作された意味である。

五　数と幾何図形

次に数学的対象としての自然数の存在意味を検討してみよう。

まず色々な物を数える仕方を教えられてマスターするのにはさして困難はない。一、二、三、四、という数の順序もわけなくおぼえる。そして例えば家畜の羊を数えて四頭いるとする。この羊を見て「羊だ」と思うか言うときその「羊」は普遍であり、そこに知覚されている羊はその普遍の一事例とするということは前節で述べた。それと全く平行的に「四」もまた普遍であり、そこに見えている羊の群れを数える行為はその普遍の一事例なのである。同じように馬、人間、石、樹木、と実にさまざまな物を数えて「四」と言うだろう。この数多い数えの訓練によって「四」という普遍の意味が生成され強化されて確立してゆくだろう。それと同時にその「四」という普遍の存在の意味もまた、生成され強化され確立されるだろう。そうして「四」の意味には、「三」の次で「五」の前ということも含まれている。

こうして一〇か二〇の普遍としての自然数をその順序を含めて習得した上で、小学校に入って算術の授業で改めて十進法での自然数名による自然数を学習し、その間の加減乗除の訓練を受ける。こうして中間に欠落のない通し番号の自然数の意味を知ることになる。学校に入るまでは知らなかった数も、入学前に知っていた数と同種類の普遍として知ることになる。すなわち、この経験世界の数え行為を事例として持つ普遍としてである。そのような普遍として存在するのである。

次に0と分数が導入される。0は空集合すなわち数える物がない場合を事例とする普遍であり、分数は二つの整数の比例として導入されても結局は正整数の大小の順序の中間に編入されることによって、整数と同種類の普遍として存在することになる。負の整数と分数、そして正負の小数も同じく普遍として導入される。そしてそのすべてが「語り存在」である。

そして総仕上げとして実数が学習される。それまでの自然数、分小数、負数はすべてこの実数の中に再配列されることになる。

この実数の各々は、長さ、面積、体積といった幾何学的計量を始めとして重さ、速度、電気その他の実にさまざまな物理量の測定や理論値に適用される。実数は経験世界を科学的に語るに際しての基本的語彙なのである。この絶えず繰り返される語りの中で実数の存在が生成され制作されるだろう。学校での学習や実社会での数量使用がその制作を加速する。こうして制作された実数の存在は、経験とは無関係に単に数学の中だけで使用される場合には生成され得なかったものである。そのことは純粋に数学体系の中にとどめられた場合の複素数を考えてみればわかるだろう。複素数はわずかにベクトルとか平面座標と結合することによって辛うじてその存在が制作されるにとどまっている。虚数はいまだに、"imaginary" と呼ばれている。このことはまた抽象代数その他の高次な数学的概念の存在身分にもあらわれている。群、環、体、束、等々の存在はすでに存在性を獲得した整数や実数との結び付きを通してのみ、またその結び付きの程度に応じてのみ制作されている。超限数の場合も同様である。

ここで幾何学的概念に目を転じてみよう。ユークリッドの定義に従っての「幅のない線」や「拡がりのない点」が知覚できないものであることは明瞭である。しかしそれらは無でないことも確かである。幅のない線も拡がりのない点も共に知覚ではなく、考えられるものなのである。われわれが現に住んでいるこの生活空間の中に考えられる。しかも知覚される事物に重ねて思い描かれる。例えば眼前に見える机の隅に重ねて拡がりのない点を考え、それらの点を結ぶ幅のない直線を机の縦横の縁に重ねて考える。机の隅や縁は拡がりがあるからその重なり方は明確ではありえず、任意性が残るが、それは別にさまたげにはならない。幾何学の中で考える場合には机のような事物から離れて任意の場所に点や線を思い描くのである。幾何学の中での定理は任意の場所に考えられた三角形その他の図形になりたつのだから、当然、机や壁や天井に重ねて考えられた四角形その他の図形についてもなりたつのである。

幅のない線や拡がりのない点を知覚される事物に重ねて考えることを、最も明瞭に示す事例は色の境界である。三色旗やツートンカラーの境界、また空と海の境界である水平線、地と空の境界である地平線や都市のスカイライン、さらに事物の輪郭、これら知覚風景の境界に重ねて幅のない線をわれわれは考え、思い描いている。

それゆえ、幾何図形が存在するのは、生活空間と異なった別種の抽象的空間や神秘めいた純粋直観の空間（カント）ではない。われわれが四六時中そこに住み暮している経験空間である。その経験空間の事物に重ねて考えられることを繰返しする中で、これらの幾何図形の存在意味が生成され制作されてきたのである。幾何学の教科書が誤って示唆するように幾何図形は宙に浮いて居所不明の幾何学空間の中にのみ考えられるものならば、それら図形の存在という意味が生じることはなかったであろう。また『ヨーロッパ学問の危機』や『幾何学の起源』でフッセルが述べたように、経験世界での測量や計測が精密化されたのが幾何図形であるのならば、幾何図形の持つ必然的な性格はありえなかったであろう。そうではなく、幾何図形は一方において考えられるものであること、しかも他方それが知覚世界に重ねられること、この二つのことが相まって初めてその図形の存在性格が理解できるのである。経験世界の中で経験的事物に重ねて考えられることはすなわち、経験世界の形状や距離が幾何図形によって語られることに他ならない。その語りの習熟の中で幾何図形の存在の意味が生成され制作されてきたのである。

六　通観、存在そのものと存在意味

以上で幾つか種類の違った存在の意味を検討してきた。およそすべての存在の原型となる日常的事物の存在には何の問題もなく、その存在の意味は誰にも直接経験されて熟知されているものである。問題は日常経験から多少なり遠ざかった微生物、原子、といったその存在に多少の疑惑がある物から始まる。それら疑念を持たれる物が存在するのかしないのか、そして存在するのならばどういう意味で存在するのかは検討を要する事柄だった。次に問題なのは、そして全く違った意味で問題なのは、捉えどころがない普遍とか集合とかの存在意味だった。そしてそれらと並んで人を困惑させる数学的対象である自然数や実数、それから幅のない線のような幾何図形の存在の意味だった。

これら初めから疑わしき事物であるものに共通したのは、それらが日常的事物のように知覚されるのではなく思考されるものであることであった。その点を確認できなければそれらはにべもなく存在を拒まれるだろう。たしかにそれらは知覚的には無に近いと思われて経験主義マニアの問答無用の好餌となるからである。

このような偏執的な経験主義に陥ることを避けて正常な経験主義の中にこそそれらの存在を保証する意味を確保することができた。

というのは、それらを含む言語で経験を語るということの中でそれらの存在意味を生成し制作することができるからである。こうして「語り存在」のあれこれが制作された。

こういう言い方に不審の念をもって反発する人は少なくないだろう。なぜといえば、存在とは何よりも言語の外にある事物の存在であるはずなのに、それを言語内制作にすりかえるのは事の根本において誤っている、と。

だが存在するのは言語外の何かであって言語内の何かではない、というのは確かにその通りである。しかし、そうして存在する言語外の何かは一体どういう意味で存在するのかという意味が問題なのであって、その意味はまさに言語の意味なのだから言語内の問題なのである。

だがその存在の意味とはかくかくしかじかと法律のように平面的に述べることはできない。未来という意味は例えば取越し苦労やいらいら待ちの経験の中に籠められているし、過去という意味は追憶や後悔の経験の中に籠められているが、それらを単独に取り出すことはできない。それと同様に存在の意味は存在するものについて語る語りの中に籠められているのであって、それを分離して孤立的に抽出することはできない。

それゆえに以上の四つの節で私がしてきたことは、存在の意味が濃厚に籠められている語り方をできる限り明確にそして限定的に指摘することであった。換言すれば、存在の意味を文脈的に述べることである。われわれがその存在の意味を知っている、その知り方もまた文脈的であって辞書的定義の形ではない。そういう文脈的での知り方に誤りがあるのが判明するのは、話者が誤った命題を言うことによる。それが一知半解がばれる方式と同様な文脈的な誤りの判別方式なのである。

そこで多少誤解を招く言い方をすれば、言語外の存在のあり方を文脈的に誤りなく写したのが言語の中の意味なのである。それゆえ例えば普遍は存在するか否かという問いは、その存在の仕方を適切に写す存在の意味を制作できるかという問いに変換できることになる。普遍が存在しないときにはそのような存在の意味は制作できないだろうし、そのような意味が制作できて経験の中で成功裡に使用できているならば、つまり、その存在の意味を使用する命題のすべてに誤りがなければ、それこそ普遍が存在することとそのことと寸分違わないからである。

存在そのものと存在の意味とがこのように密着しているゆえに、存在が無いときに存在の意味を勝手にでっちあげることはできない。どうにか存在の意味らしいものを作り上げても、その存在意味を経験に適用するうちにどこかで破綻が生じてしまう。科学史上よく知られたフロギストン、カロリック(燃素)やエーテルがその例である。これらの名を含む何かの命題が経験に適合しなくなって、それらの存在意味の制作が完遂できなかったのである。易経を引きついだ朱子学の陰陽説では破綻は遥かに早く生じたはずである。万物が陰陽二気から成るという意味から予期される万物の陰陽二気への単離分解が、経験的に不可能であることからもその破綻は明瞭だろう。しかし、風雨その他の気象の定性的説明に止まっている間は何とかつじつまが合うので、思いがけない延命に恵まれたのである。陰陽は江戸時代には存在したが、明治維新でその存在を失った。

これらのことから存在の意味と存在との照応関係にスコラ以来の古い概念であるadequacy（十全）をあてはめることが許されるだろう。そして前節まで述べたさまざまな存在意味を、「語りの中で制作された存在意味」として「語り存在」と呼ぶことが正当化されるだろう。表面的には言語に偏するとみえる「語り存在」は、それがadequateである場合には存在そのものに他ならないからである。

しかしそれがフロギストンその他のように、十全でないことが発見される以前にその存在を信じていた人々は存在しないものを存在すると信じたことになる。だがクーンのパラダイム論に依らないでも、科学理論は新しい理論と交替する運命にあるようにみえる。それなら現在の公認理論もいつか廃物になる確率はかなり大きい。それならば現在の理論をになうクォークやレプトンその他を信じている現代人のわれわれもまた、実は存在しないものを誤って存在すると信じていると言わねばならない。

しかしこの、無を信じているのではあるまいかという心配を現在確かめることはできない。

現在所有している存在意味が存在そのものに adequate に対応しているかどうかを知るには、その存在そのものなるものを知っているとすれば可能だが、存在意味の仲介なしにそれを直接知る方法は原理的にないからである。あるいは、その存在意味を含む無限箇の命題の正しさを知ればよいが、それはもちろん不可能である。フロギストンが無いことは現在だから知っているのであって、クォークが在るか無いかを現在誰も知っていない。或る長い時間が経過して後に現在の物理理論が何かで破綻したとき初めて、クォークはエーテルと同様存在しないことが知られることになる。

こう考えてくるとき、存在意味と独立な存在そのものという概念に疑惑がわくだろう。それはレーニンがかつて述べた「意識と独立に存在する物質」という概念に直列につながって、どう解してよいかがわからない概念ではあるまいか。それについて何か考えればそれは意識に依存する存在意味そのものになるからである。

存在意味とは独立な存在そのものが疑わしくなる場合として、第一に数学、第二に過去世界がある。そしてそのような独立した存在が明白にない場合として、小説や物語がある。数学者が定義や公理系で存在意味を与える数学的対象、例えば円周率 π とか無理数 $\sqrt{2}$ とかの存在そのもの、とは一体何だろう。それらはその存在意味を度外視して考えることはできない。何か考えたならばそれは、全く別な存在意味を案出しただけのことである。πや$\sqrt{2}$が実在するかどうかを知りたければそれらの存在意味、すなわち円周と半径の比とか、二乗して2になる実数とかに従って考える他はない。そしてその結果はもちろん両者ともに実在する。どんな意味で実在するのかと尋ねられれば、存在意味に与えられた意味で実在するのだと答えるまでである。過去世界についても同様に思われる。今先週の巨人戦を想いだしているが、その巨人戦は果して実在したのかと問われるとしよう。先週の新聞や球場に問い合わすにも、「先週の巨人戦」という存在意味とは独立な巨人戦なるものを説明できるだろうか。

この極めて危険な疑問は別の機会（第7章「色即是空の実在論」）にゆずって、ここではこれ以上立ち入らない。

以上では科学理論について述べてきたが、宗教の一部、救済や功徳ではない世界描写の部分を幾分ナイーブな科学理論と見なすことができる。神や精霊その他の語彙を使ってわれわれの経験世界を語るからである。そこには神や精霊その他の存在意味が与えられていて、その十全性が同じく問題になるだろう。

その宗教を単に反科学だとか親科学だとか言う前に、これまで述べてきた存在意味の配置の中に置くとしたならばどういう位置を占めるだろうか。あるいは、神の存在意味と独立な神の存在そのものを云々できるだろうか。神もまた原子や数や普遍と並んで「語り存在」であると言い切れるだろうか。

6 疑わしき存在

その存在が疑われてきたものがある。神や魂の他にも普遍についての疑いは長く続いてきた。また前世紀には電子や陽子その他の物理理論の主役達の存在に対して強い疑いの声があがった。また自然数を始め様々な数学的対象を包む疑惑の霧はいまだに薄くたなびいている。こうした存在について強弱様々な疑いがあるからには、他方において疑いの影一つない確固たる存在があるはずである。そういう確固として疑うべからざる存在があるからこそ、それと比較して疑惑が生まれてくるだろうからである。

そうした確固として文句のない存在を日常経験の中で求めようとすれば、それはデカルトが指示した「意識」ではないだろう。意識は余りに哲学的であり過ぎる。もっと日常的であり素朴なものが望ましい。それならば日常生活の中の最もありふれた平凡な事物がそれではないだろうか。家具や食器、自分のも含めて人間や動物の体、大地と山や樹木、これら生活の中の

「物」こそ、その存在を疑うことができない確固とした存在ではないだろうか。なぜならば、生活の中の物を疑うことは生活を疑うことであり、自分が生きていることを疑うことに他ならないからである。口に入れた食物や自分を支えている腰掛けの存在を疑う人は、生きているとはいえないだろう。デカルトは自分が疑っていることを疑うことはできない、と述べたが、それ以上に自分が生きていることを疑うことは不可能なのである。こうして日常生活の中のあれこれの事物こそ最も確固とした存在であり、模範的存在として存在の原型となる。他の存在候補はすべてこの原型的存在に比較され測量されて、そのいわば存在強度が判定されることになる。

一　存在の原型としての日常世界

ではこの存在の原型としての日常事物の存在の特徴は何だろうか。それは立体的事物として知覚される、という点にあると思われる。だが立体を視覚によって知覚するとき必らず知覚されるのは或る特定の視点から見られた一面、、（知覚正面）である。この視点を移動させれば当然他の一面が知覚される。このことは視覚のみならず触聴味香の他の知覚についても言える。一言で言えば、立体であることは知覚的多面体であることなのである。

一つの立体物、例えば一つの椅子の各視点からの見え姿でありまた触感であるものの集まりであるこの知覚的多面体の間には恒常的な連関がある。例えば椅子の前面から、上から、側面からの見え姿は慣習的に連関している。われわれは日常経験の中でこの連関を自然に了解し記憶しているが、そのことこそ立体物としての「椅子なるもの」を了解していることに他ならない。その了解によって、椅子の知覚多面体の一面を見れば、その視点からは見えない他の面の見え姿や触感がどんなものかを暗黙のうちに知っていることになる、つまりそれが椅子であることを知るのである。もちろんその了解が間違いや取り違いであることも屢々あろうが、そういう誤りを通してこの椅子なるものの了解は生活の中で強固になってゆく。

こうした立体物の知覚多面体の了解こそが、その立体物の存在の了解に他ならない。そのように連関を持ってそこに持続的に存在していることの了解である。だからわれわれは立体物、例えば椅子を一つの視点からただちらりと一瞥しただけでその知覚多面体を了解し、かくてその椅子の持続的存在を了解する。ということはその一瞥の椅子の見え姿の中にその椅子の持続的存在が籠められており、その持続的存在が一瞬の中に見てとられてしまう、ということである。一方、正常な連関を持たない知覚多面体、例えば虹とか水面に写る星では、持続的存在の欠如が一瞬の中に見てとられる。どのような連関が存在を、どのような連関が非存在を意味するのかは、正常な人の正常な日常経験の中で習得されてきている。

こうした正常な知覚多面体の連関を持って確固として存在する森羅万象に満ちているこの日常世界が存在の故郷であり存在の原型なのである。この存在原型を以後知覚（的）存在と呼ぶことにする。

二　普遍の語り存在

この知覚存在の原型から離れたものは、その存在が疑われるものである。当然それはその存在または非存在の断定が困難なものであり、こうしてその存在非存在が係争されることになる。西欧中世にその係争が始まって、二〇世紀の今日なおその論争が終結していないものがある。いうまでもなく、あの普遍論争と呼ばれる哲学史上の事件であり、その被告は「普遍なるもの」である。

個々の椅子、個々の三角形、個々の赤色ではなくて、それぞれそういう個別者を包摂する椅子一般、三角形一般、赤一般と呼ばれる普遍は一目瞭然、知覚存在ではない。

だから、ほらこれが普遍ですよと指さすことができない。普遍は個別的事物のように日常世界の自然物ではないのである。普遍なるものは哲学者という一部の人間によって「考えられたもの」であるからその素性が健常人に疑われるのも当然のことである。普遍はただ「思う」ことができて「知覚する」ことはできない。その意味で普遍（プラトンのイデア）は形而上のものであるところから、過激な経験論すなわち似非経験論から拒否され勝ちとなる。例えば中世の過激経験論者であった唯名論者《ノミナリスト》は、赤や三角形の普遍とはただ「アカ」、「サンカクケイ」という音だけのものであって経験的内容は何もない、と非難した。この非難は西田哲学のあの「絶対矛盾的自己同一」といった奇怪な概念にはぴったりだが、赤や三角形といった日常的で穏やかな普遍については的はずれである。なぜならば、それらの日常的普遍は知覚されるのではなく「思う」という形では四六時中経験されているからである。経験をただ知覚という形でしか考えられなかった偏狭な自称経験論者は、このことを見過ごしたのである。「あそこに赤い花が咲いている」、と口にするなり心に思うとき、人は既に赤の普遍や花の普遍を経験しているのである。確かにその経験は知覚経験のような形や色を欠いていて、摑み所のない飄々たる思いの経験である。しかしかすかに頰に触れる風のようにそれらの普遍にわれわれは触れている。花の普遍は知覚できないが、「すべての花を包摂する花一般」として、赤の普遍は「すべての赤色を包摂する赤一般」として思うという形で経験しているのである。こうした普遍の思いの経験が日常生活を満たしていて、われわれはこうした普遍の経験に包まれて生きているので空気のようにかえってそれに気付かない傾向がある。経験とはただ知覚経験に限るものではない、と自覚するとき、普遍の思いが空気のように自由に口に出入りするだろう。そうしてわれわれの言語の大部分、一般名詞、動詞、形容詞、副詞が実は普遍語であって、例外は固有名や前置詞等僅かな語に過ぎないことに気付くだろう。普遍の思いは日常全くありふれたもので、だから普遍の存在もわざわざ言うほどのことはない。普遍はいつでもそこいらにころがっているからである。プラトンもそのイデアの教えを説くときに、七面倒なことを言わずにこの普遍の平凡存在をCMにすればよかったと思われる。そうすればイデアの販売は遥かに容易で急速であったろう。

こうして経験を広角度に眺めて、見たり触れたりの知覚経験のほかに、西洋では知性とか悟性と呼ばれた「もの思い」の経験が日常生活を満たしていることに気付くならば、知覚経験の中に物体の知覚存在があるのに対応して、思い経験の中には普遍存在がわれわれに親しいものとしてあることを素直に受け入れるだろう。先に述べたようにわれわれの日本語に普遍は充満しているのだから、何かを言い何かを思う度にわれわれは多くの普遍を経験しており、その無数の経験の集積によって一つ一つは煙のように頼りない普遍の経験も段々と強化されていって、やがては確固とした普遍存在に固化してゆく。この成り行きを別な面から言うならば、普遍に充満した言語でわれわれの世界を成功裡に語ることの中で普遍存在が形成されてゆくのである。知覚的には全くの非存在である普遍が、実在世界を成功裡に語るその語りの中で文脈的な存在を獲得するのであり、そのようにして成就した普遍存在を「語り存在」と呼ぶことも許されるだろう。この語り存在は山川草木の知覚存在のように明瞭な輪郭で区切られた物を直示するのとは全く異って、世界を語る文脈の中で形成され強化されてゆく存在なのである。だからといって、この普遍の語り存在が知覚存在に較べてその存在強度が軟弱だなどとは言えない。普遍存在を疑うことは世界を語る語りを疑うことであり、それは世界の中の知覚存在さえ疑うことになるからである。

この語り存在の性格から当然のことであるが、赤とか山とかの個々の普遍がそれぞれ別々に語り存在を成就するのではなく、ありとあらゆる普遍が集団的に語り存在を獲得してゆくのである。世界を語る無数の語り方、その中に登場する無数の普遍がその語りの成功に寄与することで、それら無数の普遍の語り存在が集団的に形成されるからである。

しかし、普遍の集団の中にも一群の普遍があって、いわば典型的普遍としてサンプルの役を果しているものがある。それは数学に属する普遍存在である。プラトンはこのことをよく知っていた故に、彼のアカデメイア入学の必須条件として幾何学の学習を要求したのだと私は考える。そこで次に数学の普遍を考えてみよう。

三　数と幾何図形の存在

例えば自然数として4を例にとる。4は四個の要素を持つ集合のすべてを包摂すると考えられた普遍であることは、ラッセルやフレーゲ以来誰もが承認している。この4という普遍を指示する普遍名詞が数字の4である。この4という普遍語を使ってわれわれはこの世界にある四匹の羊、四人家族、四個のリンゴ、等々について語ることができる。もちろんそれらがすべて4個の物の集まりだということを語るのである。同様にしてわれわれは学齢までに10〜20位までの自然数とそれらの間の大小の順序をマスターする。その了解の上に学校で十進法の系統的な自然数とその間の四則演算を学習する。こうして理解した自然数という普遍の体系によって、世界の中の数的関係を自由自在に語れるようになる。時には誤りを犯すだろうが、学校と社会の実地訓練で誤りは訂正され、普通の人間は大体規格通りの数物語りができるようになる。この自然数の普遍による世界の成功した語りのなかに、それら自然数のすべてが集団的に文脈的存在すなわち語り存在を獲得するのである。

自然数をベースにして数体系が順次拡大されてゆくことは、誰もがよく知っている。ゼロと共に負整数、分数、小数から有理数、そして実数へと拡大される。そして実数が世界を語る仕方に二つの方面がある。一つは物理学や工学や経済学を通して各種の計量計測値として世界を語る。今一つは実数の一部としての自然数が四匹の羊などを語る語り口である。その4という普遍は単に幼児の語る自然数4ではなくて、実数系の中の特定の位置を占める実数としての4である。このような世界の語りの中で実数の語り存在がゆるやかに形成されていって、やがて確固とした存在を獲得するに至る。同じことが実数を拡大した複素数や純虚数にも繰り返される。複素数はベクトル表示として直接に世界を語るが、また実数の語りの中で間接的に世界を語る。このことは微分方程式の複素数解などであからさまになっている。こうした語りの中で複素数も語り存在を獲得する。複素数の語りを熟知する数学者では、この複素数の語り存在は彼の坐る椅子の知覚存在に劣らぬ存在強度を持っているが、複素語りに馴れない一般人には、それは今なお imaginary number と呼ぶにふさわしい不安定なものにとどまっていよう。

より発展した数学、例えば抽象代数の群、環、束、体、等の語り存在も、一般にはおぼつかないものに感じられる。だが例えば群も体も既に語り存在を獲得した自然数や実数について語るメタ的語りの中でその語り存在を獲得することに注意すれば、その語り存在を承認するのにやぶさかではないであろう。

一転して幾何学の対象を観察してみよう。ユークリッド幾何学の「幅のない線」や「拡りのない点」が知覚不可能であることは当然である。明らかにそれらは思われ考えられる他はないのである。事実われわれは知覚する物体に重ねて幅のない線や拡りのない点を考え思っているのである。例えば机の角に重ねて拡りのない点を考え、机のふちに沿ってそこに重ねて幅のない線を思っている。ただ、幾何学の定理を証明するような場合には、任意の場所に幅のない線や拡りのない点からなる多角形その他の幾何図形を思い描く。時には紙の上に鉛筆で描いた知覚図形に重ねて幾何図形を思い描く。この重ね描きこそ幾何学を知覚世界に適用可能とするものに他ならない。

幅のない線や拡りのない点は知覚できないのだから知覚的には存在しない。しかし思いの中では、そこに存在するものとして経験されている。それ故それらは知覚存在ではないが、思い存在（思考存在、知性的存在）として立派に文句なしに存在する。いうまでもなく、この思い存在は普遍の存在と同じくまっとうな経験的存在である。

思いという経験を見落し勝ちであった英米の経験論に汚染された数学者や哲学者は、こうした思い存在を侮蔑的にプラトニズムと呼んで排斥する傾きがある。彼等には、それらはプラトニック公害に思えるのである。しかし、プラトニックな公害はどこにも存在せず、過敏な自称経験主義者の妄想の産物と思われる。

自然数や実数の語り存在も、幾何図形の思い存在も、共に経験的存在であり、それらを経験的にするものは、思い存在にあっては直接に思いという経験であり、語り存在の場合は経験世界を語る語りを通しての間接的なつながりである。

それだから、数や幾何図形の存在を保証するために、われわれが生きている経験世界とは別に数学的世界や幾何学的空間を設定する必要は毛頭ない。数の存在はこの経験世界の語りの中の存在であり、幾何図形の思い存在もまたこの経験世界の中に思い描かれた存在なのである。

ではは今度は物理学の素粒子のような理論的対象の場合はどうだろうか。

四　素粒子の語り存在

物理学の電子や陽子の存在が前世紀から今世紀にかけて真剣に疑われたことは、多くの記録に残されている。それに対してこれら素粒子の存在証明が試みられた。その存在証明の典型的パターンが、いわゆる「仮説演繹（hypothetico-deductive method）」と呼ばれるものであった。その概略は、素粒子を含む理論Tと、多くの器具に関するマクロ理論Uとの連言から、幾つかの経験命題を演繹して、その経験命題を経験的に検証することによって理論Tの真なることが証明され、かくして素粒子の存在が証明される、というものである。これを簡約して言えば、理論Tを経験可能なものに接続することによって間接的に経験的検証をおこなう、ということになる。当時の意味の検証理論の影響が歴然としている。そして当時のガチガチの経験論を以て自任する論理実証主義者、例えばカルナップやエヤーもこの仮説演繹法でほぼ納得したのである。

しかしこの仮説演繹法には重大な欠点があると私には思われる。その第一は、補助的に使われるマクロ理論Uが何であるかが時と場合で変化して際限なく多くのものを取り入れねばならないことで、エヤーもこのことに困惑した形跡がある。第二に、これでは特定の素粒子の観測器具への因果作用を追うことになり、例えば「電子なるもの」一般の集団的な存在表明になっていないし、なることはできない、という点である。

そこで私は仮説演繹法に替えて「重《かさ》ね描《えが》き」という観点を提案する。

任意の経験的なマクロ物体、例えば椅子をとってこの椅子を日常言語で描写する。次にその同じ椅子を今度は素粒子の塊としてミクロ描写する。このミクロ描写の描写する仕方は理論Tによって規定される。そしてこのミクロ描写は日常言語によるマクロ描写に時間空間的にぴったり重なる。例えば椅子の境界面はミクロ描写の素粒子の塊の境界面と原子半径の誤差内で一致する。

この重ね描きを無数のマクロ物体に施行して成功するならば、それは素粒子によって成功裡に経験を語ることに他ならない。それは経験世界を素粒子の塊として描写できたことであり、そのことはまさに素粒子がこの経験世界に存在すること以外のことではない。そしてそれはこれまでに述べてきた「語り存在」そのものではあるまいか。かくて、素粒子は語り存在として存在証明を得るのである。

上の仮説演繹法と較べてみれば、この重ね描きには補助理論のような不定要素を必要としないし、個々の素粒子の因果作用の追跡ではなくて素粒子の全体を集団的にあつかっている。だから例えば電子のたぐいの語り存在と、陽子のたぐいの語り存在が、互いに他を支え合っていて更に他の新たな粒子、ニュートリノやクォークの語り存在とも抱合できる。このことは、科学史上の素粒子の出現の様子に適合している。

素粒子による重ね描きに経験を積んで熟達しているのは、もちろん科学者である。それによって科学者は素粒子の語り存在の存在実感を最も強く持っており、それをわれわれ一般人に分け与えてくれることになる。

語り存在とは経験の語りが成功することなのだから、それが失敗するとき語り存在は失なわれる。科学史上その失敗の例には事欠かない。フロギストン、カロリック（熱素）、そしてエーテル等々。燃焼という経験の実に多くをフロギストンが語ることができたが、フロギストンの付加が質量増加にならないということを語ることには成功できずに、フロギストンは語り存在を獲得できなかった。またエーテルは弾性的媒体としての諸現象を語り得ないために、空気や水といった弾性体と並ぶ語り存在を得られなかった。パストゥールの生命の自然発生否定の実験は、自然発生的生命では語り得ない、熱消毒で閉じたレトルトという、経験的状況を構成することであったし、コッホの濾過液注射による発病を濾過性病原体すなわちウィルスによって語ることができたことが、ウィルスに語り存在を与えたのである。一方漢方や朱子学の陰陽の気による気象の語りは見事であるが、西洋医学が語る多くのことを語ることができないが故に、今日では語り存在を得ていない。

語り存在などと言いだせば何から何まで存在することにならないかという存在の大安売の心

配は無用なのである。経験を広範囲に語る、ということはまことに厳しい要求なのであって、実際に存在するものによってしかこの要求を満たすことはできない。いかがわしい宗教的対象やオカルト的対象は、経験のどこか一部でおそらく必らず失敗するだろう。

だから逆に、経験を広範囲に語ることを成功するということは、現に事実存在するもののみに可能なことなのである。それだから「語り存在」といっても、言葉だけの存在でもなければ二流三流の欠陥存在などでもない。語り存在は第一級の存在であり、存在そのものに他ならない。

物理学の中には、量子力学の波動関数のように「単に数学的表現」であって存在性を要求しないものと卑下される対象が少くない。しかし今やそれらは語り存在として正規の存在性を誇ることができるだろう。

五　先行《アプリオリ》存在の意味

以上の検討からわれわれ人間が現に持っている「存在」ということの意味について或る結論めいたことが言えるだろう。というのは、存在の原型としての知覚存在にせよ、数学的対象を典型とする普遍や物理学の理論的概念の語り存在にせよ、いずれも日常経験の中で制作されているということである。知覚存在は知覚経験の中に与えられており、語り存在はその経験を語る思い経験の中で形成されている。その点で以上に登場した存在概念は経験論的な存在意味であったと言える。

それに対して、自然科学の骨格を作りあげて殆んどすべての自然科学者の信念または信仰となっている（素朴）実在論が持つ存在または実在の意味は、経験論とは全く別種の素性を持っているように思われる。自然科学者自身は、自分が信じている実在論信念は自分の長い自然探究の実践を通じて得られ、またその自然研究のすべての基底となっているものなのだから、その実在の意味が経験論的でないというのなら一体他の何が経験論的だと言えるのか、と怒りを籠めて反撥するだろう。しかし自然科学者が堅く信じていると思っている実在論は、多くの信念や信心がそうであるように、信者本人にも決して明確なものではない。それは親子や恋人の間の愛のように強固で素朴ではあっても明確なものではない。それは言語的に明確に表明できる信念ではなく、むしろ堅く信じられた態度といった方がよいものである。

その元々曖昧な実在論の意味を割り切った言葉にするのは甚だ危険であるが、その危険を承知の上で、敢えて実在論が願望している希望的意味を手さぐりしてみることぐらいはできる。

そして実在論が表明したり主張したりではなく実在論が希望的に願望している実在は実は経験に先立つ、つまりカントの意味で経験に対してアプリオリな存在ではなかろうか。実在世界は人間生活に先行して存在し、人間は後程その世界に生まれてその世界を経験するのだ。そういう意味で経験に対してアプリオリな実在を科学者は無限遠に目指している。だからこのアプリオリな実在を先行存在と呼ぶことにする。それはヒュームが『人性論』で「連続独立存在」、即ち知覚と独立で知覚されない時も連続的に存在する、としたものにほぼ等しい。経験に先立《アプリオ》つ存在《リ》なのだから当然それは経験に内在する知覚存在や語り存在のようには経験論的ではない。科学者にとって、この先行存在は世界を眺めるパースペクティブの無限遠点にある消失点のような、あるいはカントの言葉では虚焦点ともいうべき機能を果している。だから科学者はそれを遥かに振り仰ぎ十字を切り柏手を打って拝礼するのである。

先行存在がこのようにいささか天上的であるのに対して、知覚存在は徹底的に地上的である。それは科学者の家庭や実験室の家具や器具すべてにみなぎって科学者をとり囲んでいる。というよりも、知覚存在は人を強迫的に圧迫し、サルトルの『嘔吐』のロカンタンのように吐き気をもよおさせるものである。机や椅子、ガラス管やブンゼン燈、こうした立体的事物は先刻から存在してきたし、今後もしばらくは存在し続けるだろうという持続的存在の思いを籠めて、そこかしこに投げ出されている。こういう知覚存在は生々しく裸のまま経験の中に露出している。知覚存在にはかくされた所がない。知覚存在は経験的所与なのである。

露骨な生々しさをもつ知覚存在と、天上的な霧に包まれた先行存在の対比は、過去存在の場合に一段と先鋭になる。

「かつて知覚的存在であった」という過去存在は、知覚存在が知覚経験の所与であったのに照応して、想起経験の中に所与としてある。前日の食事でも前年の登山でも、想起される椅子、テーブルや林や小川は、その時々の知覚存在として想起される。すなわちそれらの事物の過去的知覚存在は想起経験の中に裸で露出している所与なのであって、このことは夢想起のなかですらそうである。夢で想起される今は亡き故人でも焼失した古屋でも、すべての事物は存在したこと、存在したものとして想起されてそこに一点の疑惑も入る余地がない。それらが「今は無きもの」とされるのは、世界の因果連関から排斥されるからであって、そのことで過去存在の直接所与性は微動だにしない。

想起経験の直接所与としてのこの不動の過去存在に加えて、更に語り存在によって過去はその存在が二重に保証されている。

想起される過去は常に動詞の過去形によって語られる。この動詞過去形の意味のなかにこそ過去の過去性、つまり過去ということの意味が宿っているということは、ほぼ誰もが承認するところだろう。それゆえ、実に様々な過去の出来事が過去形で語られるその語りの中に、その千差万別の出来事の集積の実在性が集団的に語り出されてゆく、つまり個々の出来事の実在性が互いに補強し合いながらそれらの出来事が織りなす過去の実在性が生成されてゆくということにも同意できるだろう。

　こうして過去の様々な事物の想起の中での直接所与性と、過去形による語りの中で生成される過去の語り存在、この二種類の存在によって過去の実在性は二重に保証されている。ここで忘れてはならないことは、この二重の存在保証のいずれもが想起経験と想起の語りのなかで遂行されるという点で、この過去実在性の二重保証は過去実在性の経験的意味であるということである。

　この過去実在の経験的意味に較べるとき、先行存在としての過去実在はまことに影の薄いものである。経験に先立って《アプリオリ》存在する過去とは一体何を意味しているのか。レーニンが「意識と独立な存在」と述べたときに意味しようとしたもの、いや意味しようと願望したものも、恐らくこの先行存在に近いものであったろう。しかしこの恐らくはレーニンの唯物論の基礎となる台詞は、意識と関わりを持たない何かを意識するという、深度の浅い矛盾ではないだろうか。

だがこうして過去の先行存在の意味をああだろうかこうだろうか忖度するのは無駄なことではなかろうか。というのは、人類は今日まで過去の先行存在の明確な意味を形成することができなかったのではないかと疑われるからである。なるほど意識と独立な過去と言いたくなる何かを願望してきたことはあるだろう、またその願望が大部分の科学者に共通であり、それ以上にむしろ人類共有の常識になっているということもあるだろう。そしてその願望が長い年月の間にいつしか意味ありげな信念に変質したように錯覚されるに至っただろう。しかし、誰にせよ、過去の先行存在として自分は何を意味したいのかと胸に手をあてて自ら問うならば、五里霧中の中を空をつかむ思いをするだろう。神棚に確かにあったと思っていたものが実は何もないことに気付くだろう。われわれは過去の先行存在ということの意味を持ち合わせていないのである。そういう意味をこれまでに言表可能な形に形成したことは一度もないのである。一言でいえば、過去の先行存在とは、死後世界とか誕生以前の世界などと同様に白昼語る意味を持たない亡霊概念なのである。

そしてこの過去の先行存在の概念であらわになった無意味性は、単に、過去に限るのではなく、現在をも含む先行存在という概念そのものにも及ぶのではなかろうか。そのことは、上にあげたレーニンの「意識と独立な存在」の無意味さが単に過去を超えて現在にも及ぶことからもわかるだろう。

要するに、経験に先立つ《アプリオリ》存在ということに意味がない、と結論せざるを得ないのである（もちろん、カントのアプリオリ判断は全く安全な意味を持つ）。これは先行存在は無意味だと論理実証主義者ばかりに宣告しているのではない。歴史的にそういう意味が形成されたり制作されたことがない、という事実報告をしているのである。意味の歴史的不在を言っているのである。そしていわゆる（素朴）実在論者がこの報告に反駁する仕方はただ一つしかない。先行存在の意味を了解可能な形で自ら制作してみせることである。

この事態に科学者、その大部分が自称実在論者である科学者が不安をおぼえる必要は毛頭ない。前節までに述べてきた存在の経験的意味こそ、科学者が実際に使用してきた実在論の意味だからである。科学者が必要とし、またその研究室で現在実用しているのは、存在のこの経験的意味なのであって、自分で願っているような先行存在の意味ではない。無いものを使える道理がないからである。一方、声高く存在論、存在論と叫ぶ哲学者にとっても、無いものを使えはしないことは同様である。しかし哲学者は待つことができるだろう。先行存在の意味が、それも驚天動地の意味がいつか新たに制作されることはないとは言えないからである。

7 色即是空の実在論

実在論か実在論の否定か、この少し長過ぎるほどに続いてきた議論は、今でもまだ消火したとは言えないように思われる。熾火のように新しい息に吹かれてめらめら焔をあげて燃える。しかしこの異常に長い期間を通して、だが実在論とは一体どんな「論」なのだという疑問が論争者の心に浮かんだ形跡は非常に乏しい。つまり、実在論ということの意味は全く明瞭であって、だから議論になるのだ、といわんばかりなのである。それが哲学というものさと言ってしまっては身もふたもない。ここで野暮は承知の上で、実在論とはどういうことを意味しているのか、いや実在論とは一体何を意味しうるのかを考えてみたい。少なくともそれが哲学というものだろう。というのは、実在論で一体自分は何を考えているのだろうと不安になる人も少くないからである。そして更に、「過去は実在した」ということで一体何かを意味できるのかと迫られた場合、葉書一枚分ほどの答を持ち合わせている人はめったにいるものではあるまい。

要するに「実在論」の意味は少しも明瞭ではないのである。意味不明の恐れさえないとは言えない。そしてもし意味不明となれば実在論は不可能な論であり、したがってその否定もまた不可能となる。当然その論争は無意味な空ら騒ぎの騒音になる。

実在論の意味をいくらかでも明確にするためには、具体的にその意味を制作してみせるのが最上の道である。その制作は勝手次第なでっち上げではない。私自身を含めて人間が誰でもその日常生活の中で実用している実在論の意味をそのまま提示すればよい。それが実在論の可能な意味の一つであることには何の疑いもないだろう。それが生活の中で現に実用され、実用に堪えてきた実在論なのだから。

一　生活の中の実用的実在論

ではわれわれが日常生活の中でそれを維持し、またそれに依存している実在論とはどのようなものなのか。それはもちろん日常的事物の実在性以外ではありえないだろう。鍋釜や鋤鍬といった台所道具や作業具、刀剣弓矢等の武具に始まり家屋田畑山川草木の自然環境、それに何より様々な食料飲料、そして異性を始めとする他者と自分自身の肉体、こうした今更何をと思われるような事物の実在性が日常的実在論の中核であることは、殆んど自明の理ではあるまいか。この実在論は思想とか哲学とかと言われるものではなく信念と呼ばれるにも固過ぎる、生活そのものである実在論である。それは事々《ことごと》しく論議されるのではなく、生きられ実用される実在論なのである。

この実用実在論の中の「事物」のすべてが3D（三次元）物体であること、立体であることを強調したい。なぜならば実在論の論議は、表向きは抽象的な認識論用語でなされるが、実は3D物体を台風の眼としてその周りを暴風が吹き荒れているようにも見えるからである。

まず立体形という3D図形の意味を考えてみよう。極く簡単な幾何学図形として円錐をとろう。円錐形という3D図形をわれわれはどのように理解しているだろうか。その各方向からの見え具合によってではなかろうか。上から見れば中心点のある円形、下からはべったりの円形、横からはどこからも三角形に見える、一括して言えば無数の視点からの見え具合（知覚風景）のトータル（無限集合）として円錐形を理解しているだろう。つまり、円錐形という立体形の意味を知覚風景の無限集合として理解しているのである。人体のように複雑でしかも可動的に変形する立体形の意味もまた、無限箇の知覚風景の集まりとして理解され習得されている。

ところが当然のこととして、この無限箇の知覚風景の二つ以上、ましてやそのすべてを同時に知覚することは論理的に不可能である。したがって特定の時と所にあって何かの3D物体に面するとき、その物体の立体形が何であるかを一〇〇パーセント正しく確認することはできない。したがってその3D物体が例えば人体であるのか土偶であるのかを完全に確認することはできない。だから人体にせよ土偶にせよ、それが実在するなどとは到底言えたものではない。

このような異議が哲学者、例えば実証主義者、例えば若年のR・カルナップの常套的発言となってきた。更にこれらの3D物体は移動するのが普通で、そのため時に物陰にかくれて見えなくなる。ヒュームはこれを知覚中断と呼び、B・ラッセルは机の下にかくれた猫として物体の持続的存在に対する疑惑の材料に使った（ハインリヒ・リッケルトはこれを実在間断 Existenz Unterbrechung と呼んだ）。

しかしこれらの哲学的疑惑はすべて見当違いであると私には思われる。第一に日常生活にあっては一〇〇パーセントの確認といった極端を求めることはありえない。そういう非日常、非生活的な極端は実行不可能なのである。そういう極端な確認を実用実在論に求めるのは非日常的であり非哲学的でさえある。ヒュームが「程々の懐疑《モデスト・スケプティシズム》」として提案したのは、この見当違いを訂正するためであったと私には思える。

懐疑は結構なことだが生きるためには程々にする、それが人間の本性《ヒューマン・ネーチュアー》だ、というのが彼の主著、『人性論』の結論ではなかっただろうか。

極端な哲学的疑惑は日常生活では見当違いだといっても、そういう疑惑を門前払いするわけではない。日常生活にはそれなりの証拠固めの方法がある。その方法とは、私が「大局的帰納法」と呼びたい方法である。上述の哲学的異議は箇々の物体に対して一〇〇パーセントの確認を求めているが、それが誤りなのである。箇々の場合を孤立的に完全に確証しようとすることは人間業では不可能である。自然科学であれ数学であれ一〇〇パーセントの確証などはありえない。人間に可能でまた事実採用しているのは、物体世界全体での相互的確め合いなのである。今机の下に走り込んだ猫は、ラッセルに言われるまでもなく誰にも見えない。まだそこにいるのかいないのか誰にもわからない。しかしわれわれはこれまで無数の物体（猫であれ犬であれ石ころであれ）が一時物陰にかくれたが消滅したわけではないことを経験してきている。その経験から今ラッセルの眼の前で机の下に入った猫も無事存在し続けているだろうとする、これが全局的帰納法なのである。もちろん、J・S・ミル以来こうした帰納法を証明しようとした試みは全て失敗し、今日では帰納法の論理的証明などはないだろうということは教科書的事実になっている。

だが、帰納法を正当化するものがあるとすれば、それは人間の生活そのものである他はない。

帰納法をフルに使う生活が成功し、一方帰納法にさからえば恐らく命を落とすだろう。この命のかかった生活の事実が帰納法を正当化するのである。進化論的言い方をすれば、帰納法に従うライフスタイルがわれわれ人間を適者生存せしめることになった、つまり、今日われわれが生存していることが帰納法を正当化する、ということである。そしてこの正当化された帰納法は、これまで誤解されてきた個々別々に分断化されたピースミールの帰納法ではなく、上に述べた全局的帰納法なのである。そのことは、自然科学の中での帰納法が個別的ではなくて全局的なものであることを見れば自然に了解されよう。例えば月の運動の仕方から帰納されるのは単に月運動だけではなくて運動方程式自体、そしてすべての物体運動なのである。

この全局的な帰納法が人間の生存の事実によって正当化される仕方は、実はそっくりそのまま主題である実用的実在論が正当化される仕方でもある。物陰にかくれた物体の存在から机の下にかくれた猫の存在を帰納することとの正しさは、同時にその机の下の猫の持続的存在（ヒュームは「連続存在」と呼んだ）の正しさでもあることは明白だからである。

また、生活の中で実用されている実在論がその生活の成功によって正当化されるということは全く理の当然と言うべきだろう。生活そのものとも言うべき実用実在論がその生活の成功によってのみ正当化されることは明々白々である。それゆえ、その実在論に対して何かの証拠固めによって一〇〇パーセントの確認を求めるなどは全くの見当違いなのである。ヒュームですらこのことを見逃した。だから彼は彼の言わゆる「俗衆（vulgars）」は証拠もなしに物体の「連続存在」を信じるのに対して、「哲学者」は知覚とは別箇《ディスティンクト》な「物質」という捏造証拠によってかえって傷を拡げるのだと考えたのである。

二　科学的実在論

上に述べた実用的実在論は、通常では素朴実在論と呼びならわされているものであるが、それに対置して「科学的実在論」とでも呼ぶべき実在論もまた可能である。それは自然科学、特に物理の基礎的概念である原子、分子、電磁場、力、等々の一部または全部の実在性を主張する論説である。だがこの科学的実在論の正当性は結局の所、実用的実在論の正当性に帰着する他はないように思われる。それは自然科学のそもそもの本性とその出自からして当然の成り行きなのである。

自然科学はその外見が如何に抽象的あるいは数学的に見えようとも、われわれの日常生活での経験について語ることから出発したし、現在只今もまた日常経験を語っていることに変りはない。遺伝物質のDNAは他でもない今現在ここにいる自分の肉体の細胞核の中の物質であるし、超新星爆発はわれわれが夜空を仰いで見える一段と明るい星のことに他ならない。原子や分子で語られるものは、眼前にある家具や台所道具なのである。自然科学の基礎概念とは、われわれの日常経験を専門家風に語る仕方の基礎的ボキャブラリーなのである。科学の実験室が見馴れない道具で一杯の非日常的風景に見えるのは、ただ日常的物体を非日常的状況下に置くための舞台装置であるからに過ぎない。例えば、どこにでもありふれた電子や水素イオンを日常では考えられないほどの速度に加速するには、物々しく電線がはりめぐらされた金属の筒や磁石やポンプが必要なのである。その筒の中を超スピードで走っている電子やイオンを語る語り方を承知することが、日常的に穏やかな風景である蛍光燈の輝きを語るために必要なのである。そしてその語り方の当否を検定するためには、コンピュータを酷使する数学的計算や再び物々しい実験装置が組み立てられるのである。

こうして科学は日常生活の経験を語る独特な語り方を開発してそれを実用化し、絶えざる改良や訂正を加えながら今日多大の信頼を得た科学言語を制作したのである。

簡単に言えば、この科学言語は日常言語を時間空間的により精密にした言語なのである。科学言語によって日常生活の諸経験が成功裡に語られてきたことは万人が認める事実であろう。

そのときの語りに使われた原子、分子その他の基礎語の指示対象が存在しないということがありうるだろうか。指示対象が非存在である語を多数使用する文章がわれわれの経験、例えば無数の知覚風景を的確に描写できる、ということが考えられるだろうか。考えられないだろう。それはエーテルとか一つ目小僧とか整数比の円周率とかというありもしない名指しを使って例えば私の居る室内風景を見事に描写するといったことだからである。それゆえ経験を成功裡に語る科学言語の基礎語に対応する原子や分子は存在せざるをえないのである。こうした存在を私はかつて「語り存在」と呼んだ（前章「疑わしき存在」）。もちろんこうした「語り存在」の存在性が、語られる日常経験の実用的実在論の実在性に依存していることは言うまでもない。実用的実在論が成り立たない、つまり机とか椅子とかの実在性が保証されなければ、それを語る語り存在などはナンセンスである。簡単に言えば、実用的実在論あっての科学的実在論なのであり、科学的実在論は（時間空間的に）より精しい実用的実在論に他ならない。その意味では、科学的実在論と実用的実在論は同一のものである。

したがって、誰にせよ実在論なるものを考えるときに意味しているのは、実用的実在論なのである。それ以外に可能な実在論の意味は私には思い付かない。恐らくはそれ以外の意味での実在論はありえないのだろう。こう思うのは当然である。なぜなら、実用的実在論はあれこれの哲学者の考案などではなく、健常な人のすべてが生きている限りそれに依存している実在論だからである。だからそれが如何なる論説なのかを知るために哲学辞典や哲学史を調べる必要などは毛頭ない。誰にとっても自分の生活そのものとして肝に銘じてそれを抱いているからである。

三　過去実在性と実在論

しかしこれまで哲学者は、この彼等が素朴実在論と呼ぶ実用実在論を議題にするときに致命的とも言える大きな見落しをしてきたように思われる。というのは彼等はこの実在論がその必須の部分として当然含むべき過去の実在性のことに全く気付かなかった様子で、それについて語ることができなかったからである。

しかし日常生活の中で生きいきと働く実用実在論が過去の実在性を無視することは不可能であろう。過去の実在性が実用実在論にがっちり組込まれていることに気付かぬふりをすることは知的犯罪と言ってよいだろう。たとえそれが知的視力の欠陥からであってもである。なぜなら、過去の実在性に触れることもなく実在論を主張するなどは誰にとっても不可能だからである。実在論が考える実在世界が過去を持たないとかその過去は実在しないとかいうことは、ほとんど論理的矛盾ではなかろうか。

例えば平凡な机のような3D物体を考えてみよう。その机がそこに持続的に実在している物体として見えることは、知覚の確たる事実である。その机はそこに降ってわいたようにあるのではなく、しばらく前からそこに存在し続けており、今しばらくはこれからも存在し続けるだろう、そうした物体として見えている。つまり、机の持続的存在はその意味からして過去存在と未来存在を含んでいる。存在が過現未の時間を既に含んでいることを指して道元はそれを「有時」と呼んだのではあるまいか（本書第1章「線型時間の制作と点時刻」）。もしそうであれば机の実在性には過去根とも言うべき過去が接続している。フッセルがその時間論で Retention と呼んだものは単に記憶の後曳き残像といったもので、ここに言う過去根と較べると取るに足らぬ弱々しい心理的細部に過ぎない。ここで言う過去根は、日常生活にしっかり根をおろした頑丈な実在性である。巨大な山やビルはもちろん机のような中型の3D物体でも、それが静止しているならば必らずしばらく前から静止し続けているのであり、それが動いているのならば必らずしばらく前から動き続けている。ゼノンの飛ぶ矢のパラドックスは、この厳然とした過去根を無視して点時刻での運動静止を考えることの危険を警告したものである（精しくは本書第4章「ゼノンの逆理と現代科学」)。

こうして現在での物体の実在性はその過去根によって過去の実在性に接続しており、したがって実用的実在論は必らずや過去の実在性に接続していなければならない。過去の実在性を無視することは過去根を切断することであって、実用的実在論の息の根を止めることになる。

一方では過去根によって過去実在が現在世界によって規整されることにもなる。想起による自分の個人的過去は現在世界になめらかに接続するようにすり合わせられねばならない。それと同様にグールド提案の断続的進化論は現在世界の動物相《フォーナ》と植物相《フローラ》に接続するように構成されてきたし、ビッグバン理論も現在宇宙に接続することを目指している。社会的経済的な国史や世界史もまた現代世界にぴったり接続しなければならないことは常識になっていよう。

四 色即是空、程々の実在論

だがしかし、私自身を含めて「過去の実在性」と言うときに一体何を意味しているのだろうか。曖昧模糊とした実在らしいものを思い浮べる以上のことができるだろうか。できないのである。

過去の実在性の意味を経験できる場所は想起の経験をおいて他にはないだろう。「昨日彼と会った」という想起経験においてこそ昨日という過去に実在した彼、そしてその彼との過去会見を思い浮べているのだし、そこで思い浮べる過去の彼や過去の会見こそ過去実在に他ならないからである。現在実在が知覚経験の中に与えられているのと平行して、過去実在は想起経験の中で与えられている。この過去実在の所与経験があるからこそわれわれは「真実ある事件が過去に実在し、今それを想起している」という強烈な確信を持つのである。しかし奇妙なことにこの確信の内容となると羞かしいほどに心もとない。想起と独立に、想起以前にある過去というものを把えようとしても煙のように消えてしまう。結局想起から離れて自前で実在する過去などというものを把握した人間はいない、そのような実在過去の意味を人間は制作できなかったと思う他はない。ではすると、私が何かを想起するとき、しかも上に述べた実在の確信をもって想起するとき、それは何らの実在にも対応しない妄想の類なのか。その通りであって、その実例をわれわれが夢と呼ぶ想起で経験しているのである。つまり、実在する過去というものの意味をわれわれが手にしていない以上は、すべての想起は夢なのである。人生夢の如しなどという感傷的比喩ではなくて、われわれの過去は夢以外のものではない。それに対応する現実は実在しないのだから。

しかし、実在する過去ということが無意味であるのなら、その否定形である過去の非実在もまた無意味であるはずである。こうして「過去は実在しない」という無意味な命題に陥るのを避けるならば、「過去は空無である」としか言えないだろう。

だがしかし実生活では過去を空無とする人はなく、自然史や国史、更に容疑者の過去についても様々な物証や証言で想起を証拠立てているではないか。だがこの実生活で行われている過去はまことに貧弱な過去である。先に述べた現在への接続と他者の証言との一致、そして物的証拠という僅かに許された三種類の手続きだけを頼りにする未熟で貧相な過去が許されているだけである。非の打ち所のない確固とした過去などはありえない。

ヒュームはかつて人間に許される懐疑として「程々の懐疑」(modest scepticism)を推奨した。そのヒュームにならえばわれわれに許されるのは「程々の(modest, or, moderate)過去」なのである。

こうしてわれわれに許されるのは空無の過去か程々の過去である。もちろんわれわれは空無の過去を捨てて程々の過去を取るべきだし、またそれをとっている。しかしその程々の過去もまた、空無の過去と同様に一切の根拠を持たない。現在との接続も証言の一致も更に現在の物証もすべて何らの現実に対応しているわけではないからである。つまり、程々の過去はまた実は空無の過去なのである。これを色即是空の過去と呼ぶのは決して誇張ではないだろう。

この色即是空の過去に接続して、実用的実在論にもまた色即是空が滲透している。

一節で述べたように、実用的実在論の根底には3D物体の概念がある。カントはこの3D物体の意味を知覚表象の結合統一と考えたが、この考え方を「知覚結合物体」と呼ぶとすれば、フッセルの射映《アップシャットンク》の指向的統一としての物体もまた知覚結合物体である。この知覚風景の無限集合として3D物体を考えることによって物体の実在はその構成要素である知覚風景によって直接保証されることになって、カントの誇る超越論的観念論の内部に物体の実在論が構成できるのである。換言すれば客観的物体世界が知覚風景を材料として制作できるのである。

それゆえ、実用的実在論の制作は一にかかって3D物体の意味制作にあることは哲学史上で確定した事実である。

しかしカント＝フッセル流の「知覚結合物体」の方式に誰もが従わねばならない理由はどこにもない。確かに二〇世紀の現在に至るまで殆んどの人間が実用的実在論を採るという形で知覚結合方式に従ってきた。もしそれに従わなかった人がいたならば、恐らくその人は比較的若年のうちに死亡したであろう。実用的実在論は人間の生活そのものなのだから、それを持たないということは生活と生命を放棄することに他ならないからである。それゆえに、知覚結合方式を採ることは、サバイバルに成功するためには必須のライフスタイルに他ならない。しかし、それ以外の方式を採ることは、死さえ覚悟するならばいくらでも可能なのである。

その可能な方式の一つとして空無方式がある。それは知覚結合方式のように物体の意味を制作しようとするのではなく、物体とかそれに類するものの意味などを一切制作しようとしないで空白を保つ方式である。もちろんこの空無方式を採るならば物その他の概念は生じないし、実在論などもありえない。刻々の知覚風景を結合整序する自然科学もないのだから、風景はただ走馬燈のように流れ漂うようだけであろう。人はただ呆然とその流れに身をまかせるだけで、雨風をふせぐ板を工夫したり食物を探す気持ちにもならないだろう。しかしこの空無方式はとにかく可能な方式であり、生存に有利とはいえないがとにかく可能な一つのライフスタイルなのである。このライフスタイルの哲学的実例を今世紀初頭の感覚与件《センス・データ》論に、そしてその絵画的描写をセザンヌに始まりブラック、ピカソ、レジェが追求した抽象絵画にみることができる。それらはすべて3D物体の意味を意図的に破壊しようと試みているからである。

われわれは現に実用的実在論方式の中で生活し生き続けている。だがそうして生きている世界は同時に空無のライフスタイルを可能とする世界なのである。換言すれば、実用的実在論の世界は空無の世界でもありうるのである。実在論の世界は空無でもありうる世界なのであり、舟底一枚下は空無である世界なのである。

このことを知った上では、実在論はその傲慢な外観を捨てねばならないだろう。実用的実在論、更にその精密化である科学的実在論は、過去実在論がそうであったのと同様に色即是空の実在論として「程々の（modest, moderate）実在論」でしかありえない。過去実在論を内蔵する実用的実在論は、当然一貫して色即是空の実在論なのである。

いわゆる実在論者にとって、この程々の実在論に到底満足できるものではあるまい。

しかし以上に述べてきたことがもし正しければ、実在論は程々でしかありえないのである。われわれにできるのは、この色即是空の実在論にできるだけ親しみ馴れることしかない。それが進化論的な意味での適者生存の道であろう。それが恐らくは今世紀以降のライフスタイルになるだろう。

したがってこれ以降の哲学的思考では、より強力で確固とした実在論への願望が人間の本《ヒューマン・ネーチュ》性《アー》から湧き上るものであっても、それを抑圧して謙虚に色即是空の実在論の程々の所にとどまるべきだろう。その程々を越えるならば、それはヒュームが指摘したように、俗衆《バルガー》（健常人）の誤りの上に更に今一つ哲学者の誤りを加えることになる。そしてヒュームが述べた哲学の誤りとは「知覚とは別箇《ディスティンクト》で独立な物質の連続存在」であったことを忘れてはならないだろう。

＊
＊
＊

8 無脳論の可能性

一　生理学のドグマ

戦後の分子生物学的生理学、特に脳生理学の進歩には目をみはるものがある。こう誰もが言い、誰もが合点する。それに疑いをさしはさむ余地はない。そのおかげで新聞・雑誌の記事の端々に、テレビ・ラジオのコメントに、何かといえば脳の話で、世界は脳だらけの観がある。それは脳ブームというよりはむしろ脳信仰と呼びたい状況である。この脳信仰の根本には、分子遺伝学の向うを張る、一つの根本教理《セントラル・ドグマ》がある。それは、「知覚・思考・記憶・感情……これらの心の働きのすべては脳の働きである。脳の働きによって心の働きが生れるのだ」というもので、それを「脳産教理」と呼んでおこう。この教理を前提にして、その上に「世界とは知覚され、思考されての世界である」ということを認めるならば、世界もまた脳の働きによって産出される、という世界脳産の教義がいやでも引き出されてくる。この導出教義は余りにもグロテスクだとして御免蒙むるにせよ、元の脳産の根本教理を否認する生理学者はいないだろう。この教理こそが、脳生理学の開始から今日の隆盛に至るまで終始一貫それを支え、そしてそれを駆動してきたものである。この教理の中でのみ、この学問の問題が作られ、その実験がデザインされ、その結果が解釈されてきた。脳生理学はこの教理それ自身であり、この教理の具体的展開が脳生理学なのである。

そしてこの教理を信じるのは単に生理学者にとどまらない。医学者は言うに及ばず、物理学者、化学者から地質学者までの自然科学者すべては皆この教理の信者であり、更に今日の社会全体の半ば普遍的な教理なのである。それは西欧中世のカトリック教理に匹敵する信仰を先進諸国社会で得ている。

この篤信者の群れる中で脳産教理に異を唱えたり批判したりすることはサンピエトロの広場で白昼黒ミサをあげるような気狂い沙汰であろう。しかしそのような過激を避けてもっと穏やかな、したがって危険の少ないやり方がある。それはデカルトの方法的懐疑をまねることである。デカルトのみならずコペルニクスもガリレイもその手を使った。

二　無脳仮説

脳産教理の否定を仮定してみる。この教理自身が大まかなものだから、その否定も当然大まかに大体次のようになるだろう。すなわち、「心の働きに脳は全く関与していない」。そしてこれを「無脳仮説」と呼ぶ。脳無しでも心の働きは可能だというのだから。その命名は、無脳動物や無背髄動物の実験を重ねてきた脳生理学者は素直に受け入れてくれるだろう。

仮説と呼んだのは用心深さからであるが、何よりも私に無脳仮説を主張する意図は全くないからである。私の試みるのは、この無脳仮説が可能であることを示す、ということだけである。可能である、ということは、脳産教理がかくも篤く信仰されている状況の中で無脳仮説もまた可能である、ということである。脳産教理の信仰を支える経験や実験は無数にある。このおびただしい証拠の集積の中で、その教理の否定がなお且つ可能であることを示そうというのである。

この無謀な試みが万が一成功したならば、非ユークリッド幾何学や種々の変り種論理学が与えた影響、また最近では集合論での連続体仮説の独立性の証明が与えた影響と同類の、しかしそれほど強力でない効力が得られると期待できる。非ユークリッド幾何学の成立はそれまで普遍的に信仰されてきたユークリッド幾何学が誤りだということを示したわけでは全くない。ユークリッド幾何学が唯一無二の幾何学であることを否定したのである。連続体仮説の場合にも、この仮説もその否定も共に可能であることを証明することで、この仮説が唯一無二の可能性であることを否定した。それらの場合と同じように、無脳仮説、つまり脳産教理の否定が可能であることをたとえ示すことができたにせよ、それは脳産教理を否定したことにはならないが、脳産教理が唯一無二の選択であることを否定することにはなる。しかし、神の非存在も可能だということになったときキリスト教神学は致命傷を蒙むるであろう。だが脳産教理の否定によって現代生理学が致命傷を受けるとは私には思われない。それよりはむしろ全く新しい生理学が模索され始める機縁になることを願っている。いずれにせよ私の当面の目標は、無脳仮説の可能性を説得して脳産教理の盲目的信仰に若干のダメージを与え、その信仰の盲目性を幾分なりと開眼することにある。そういう目的で以下に無脳論の試運転を試みる。

三　知覚の場面——無脳論

脳産教理が一番具体的に展開され素人にも見透しがきく領域は知覚であろうから、私も知覚の場面から始めよう。そして知覚の中でも視覚を考えよう。現代の生理学公認の視覚の説明方式は、外部の事物からの反射光線が私の眼球で屈折して網膜の神経細胞に達し、その神経細胞からの活動電位パルスが視神経、外側膝状体を経て後頭葉の視覚領野のニューロンに達する。後頭葉以後や側枝の回路を簡単のために省略すれば、この一連の因果連鎖の伝達には議論の余地はない。この、外界事物に始まって後頭葉ニューロンに終る因果系列を「順路」の因果と呼ぼう。しかし、問題はこの順路の逆をたどる「逆路」にある。この逆路に進む因果系列は見出されたことはないし、見出されることはありえないだろう。仮にこの逆路をたどる因果系列——例えば神経軸索とシナプスを逆行するプロセス——を神経網の中に考えうるとしても、網膜から発して外界事物に到る因果系列を今日の公認の科学の中で考えることはできない。この逆路因果の不可能にもかかわらずなお脳産教理を維持しようとするのは、脳細胞の一部に損傷を与えたときに視野に例えば視野欠損のような傷害が起るといった傷害因果*を証拠にする以外はない。傷害因果は脳の特定箇所の傷害が特定の症状を引き起すことを立証し、その症状の治療法に導くものであって、医学では最も重要な因果であるにせよ、原因から結果までの時空連続という因果系列の必須条件を欠いて、系列の中途から連続的接続を跳び越えて結果に至るという因果跳躍であるという点では因果系列であるとは言えないのである。それに加えて、この逆路の因果系列は、身体的物質的原因から視覚その他の心的結果に至る交雑因果（hybrid causation）と呼ばれる変則《アノマル》的因果であって、多くの疑問点を有している。

この因果跳躍の難点にはシャム双生児というべき難点が附着している。

それは、もし脳産教理を認めて、私の今眺めている視覚風景は或る脳を原因として産出されたものであるとしても、その原因となった脳が私の脳であって他の誰かの脳でないのはどうしてなのか？という点である。この世界には現在ざっと六〇億の人脳がある。その脳はすべて今私が見ている視覚風景を産出することができる。とすれば現在私に見えている視覚風景の原因は私の脳であってアメリカやアフリカの誰かさんの脳でないのはどういうわけなのか。脳産教理にもその教理に立つ今日の生理学にも、これに対する答はないだろう。それは上に述べた、

* 現在では微小電極、放射能トレーサー、それにPETといった新しい実験手段が開発されているが、私の所論には影響がない。

逆路の因果跳躍のためである。一つの脳からそれが産出する視覚風景までの因果系列が時空連続ならば、どの脳がどの風景につながるのかをたどることができる。ところがその時空連続がなくて跳躍するために、脳から出発する逆路経路がプッンと切れて視覚風景につながらない。風景の方は糸の切れた凧になって原因不明になる。こうして、一体どの脳がどの視覚風景につながるのかが不明となる。私が今見ている風景はカイロにあるエジプト人脳の産出なのか北京の中国人脳の産出なのかどうとも言えないことになる。この逆路の因果系列の持つ奇怪な謎のようなものは順路にはない。しかし、順路の因果系列の中には脳産教理に対する背信棄教の種が蔵されている。

一体、順路の因果系列が果たすように期待された役割は何であろうか。それは明らかに、電話線を引き込むように外界事物の情報を認識者である人間の体内に引き入れるという役割である。だが電話線の末端には通話する人間がいるように、外界から脳に引き入れる順路系列の末端には情報を理解する何者かがおらねばならない。その何者かが一体何であるかについては現代の生理学者は黙秘するが、デカルトはそれを「精神」であるとためらうことなく明言した。デカルトの場合、順路系列の端末は松果腺であった（それを現代では大脳と読みかえよう）[*]。そして、松果腺に及んだ因果作用が精神にその対象を「呈示する」、のである。

しかし、もし精神が松果腺（大脳）の状態からそれに対応する外界対象の有り様を把握できるというのであるならば、その対象をそれが在るその場所で直接にどうして把握できないのだろうか。精神に把握可能な到達距離があって、何メートルか以上離れては把握不可能であり、だから順路系列を通して精神の至近距離にある松果腺まで情報を伝達しなければいけない、というのだろうか。精神が極度の近視だと言うのだろうか。また、精神は幸運にも松果腺から数センチメートルしか離れていないと言うのだろうか。

こういう鮮明なナンセンスを信じる現代生理学者はいないだろう。だがこうしたナンセンスを否定するならば、その代りの結論もまた鮮明である。つまり、精神は外部対象をその対象が存在する場所で把握することは可能である。視覚に話を戻せば、精神は外部対象をその存在場所で見ることは可能である。

だがこう言うことは見かけよりも遙かに重大なことを含んでいる。なぜなら、外部対象をその場で見るということは、順路逆路の因果系列なしで外部対象を見るということだからである。

＊ エックルス（『脳の進化』伊藤訳、東大出版会、一九九〇）は更に細かくニューロンのシナプスを心脳の相互作用する場所とする「微小作用点仮説」を提案している。

そして、順路逆路の往復路の中核が脳なのだから、脳無しで物を見ることができる、ということになるのである。無脳人間にも視覚があるということは可能である、これが結論なのである。

これが脳産教理のまっ向からの否定であることは明白であろう。前節で強調したように、この脳産教理の否定——無脳論（ハマチをブリと呼び直すように、無脳仮説をこれから無脳論と呼ぼう）——が正しいということではない。ただ、無脳論が可能である、とだけ言っているのである。しかも、上に述べた無脳論の可能性は脳産教理を前提にし論拠にしていることに気付かれているだろう。すなわち、デカルトの精神は松果腺に呈示された対象を把握する、ということから、それなら対象をじかに把握することも可能なはずだ、という筋立てだった。

それゆえ、無脳論の持っている説得力を過大に見てはならない。それは脳産教理を否定する力などはない。ただ脳産教理のいわば不可抗力を否定して、それが問答無用的に正しいわけではないことを示し、その絶対的信仰に水を差す、といった所である。簡単に言えば無脳論は脳産教理に対する弱毒ワクチンであり、安全対策なのである。しかし、無脳論の効用はこのような消極的な保安作用だけでなく、積極的な面もある。

というのは、このグロテスクな無脳論を視野の片隅におくことによって、脳産教理の見のがされ勝ちな側面に注意を向けることができると思われる。つまり、無神論が持つ効用が無脳論にもまたある、と言えるのである。あるいは、もしユークリッド幾何学が無矛盾ならば非ユークリッド幾何学も無矛盾である、という証明にいくらか似た力を無脳論に見てもよい。つまり、脳産教理を信じてよいならばまた無脳論を信じてもよい、ということである。

四　経験の帰属と脳

私に見える視覚風景が私に帰属するものとする理由は何か、脳産教理の難点として前節であげたこの問題を再考しよう。

視覚風景のとらえ方の根本には一つの分岐点があって、二通りのとらえ方に分かれる。ひとつはそれを事物、ボリュームのある物体の風景とする物体的とらえ方、今一つは物体表面の風景とする表面的とらえ方である。前者、物体的とらえ方が正常な常識のとらえ方であり、その中で様々な物体が空間的関係の中に配置されている。そこに私の身体という特に際立った物体があって、他の物体に囲まれ、或る方向の物体と向き合っている。今一方の表面的とらえ方は、過度の強調や不当な誇張を受けるといわゆる現象主義や感覚与件《センス・データ》論へと誤導されることになるが、穏当な所見にとどまるならば、私の身体に向き合う諸物体の表面的風景(他の章では「知覚正面」と呼んだ）として物体的とらえ方に吸収されることができる。そのとき、その表面的風景が私の身体とそれに向い合う諸物体との位置関係と連動して変化することは、まことに鮮明な事実として誰の目にも明らかであろう。顔の向きを変えれば風景はそれにつれて変わるし、身体の移動につれても変わる。このことがその視覚風景を私に帰属させるのである。ここで大切なことは、身体と視覚風景との連動変化を理由、あるいは証拠として私への帰属が結論されるのではなく、その連動変化することが私への帰属の意味なのだ、ということである。

視覚風景の私への帰属とは、「私に見える」、「私は見る《アイ・シー》」という風に表現されるが、これらの表現の中の主語「私」が意味するところは上述の連動変化であり、それに尽されてそれ以上でもそれ以下でもない。私に何かが見えているという体験では、もちろん第一にその見えている風景があり、それに付随する様々な感じだとか内語だとかがある。それらが「私に何々が見えている」ということの意味の大切な一部であることは間違いない。しかし、その風景が「私に見えている」として私に帰属することの意味は、ただ先に述べた連動変化であってそれ以外にはないのである。

この視覚風景と私の身体との連動変化は全然因果的連動ではない。顔の向きを変えれば風景が変わる、ここには因果連関は全く見あたらない。顔の向きが変わるということはすなわち、向きあった諸物体が変わることを意味する。そして向きあう諸物体が変わるということはすなわち、正面に見える諸物体が変わることを意味する。だからこれは意味上の連動であり、いわば論理的連動なのであって、因果的連動ではなく全く別の種類の連動なのである。したがって、この連動変化を意味とする「私に見える」という帰属の意味もまた因果的なものを一切含まない。

ところが脳産教理が信奉する脳から風景への逆路の関係は、傷害因果であると否とにかかわらず紛れもない因果関係である。そしてその因果関係は、私の脳と私に見える風景との間の因果関係であると考えられているが、それは風景の私への帰属を暗黙裡に前提しているからである。実際、この私への帰属はとりたてて言う必要のない自明のこととして前提されているのである。

しかし、この帰属の意味は一切の因果関係を含んでおらず、一切の因果関係とは独立の、意味的論理的関係なのである。それゆえ、帰属の意味は因果的な脳産教理といかなる関係もない。簡単に言えば、帰属の意味は「脳」といかなる関係もないのである。

したがって、帰属の意味の成立は脳の有無に依存しない。たとえ脳が無いとしたところで帰属の意味、すなわち「私に……が見える」ということの意味は可能なのである。つまり、たとえ脳が無いとしても「私に……が見える」という事態は十分ありうる、ということなのである。私の（私に帰属する）視覚風景は脳が無くとも可能である。それなのに、脳産教理の下に視覚風景を脳によって説明しようとするのは、招かざる客が求められてもいない説教を始めるようなものではあるまいか。それは誤りではない。誤りではなくて場違いなのである。

しかし、場違いであろうとなかろうと、事実は事実として私の脳と私の視覚風景には因果連関があり、脳生理学者の研究の目的がその連関ではないのか。それはその通りで、その点はまっとうなのである。網膜細胞が光波を吸収して活動電位が発生し、それが幾つかのシナプスで化学伝達物質によって中継されて後頭葉の視覚領野の脳細胞に伝播する。この一連の過程は時間空間的に連続した因果作用であって、われわれ素人に口出しできるものではない。先に順路と呼んだこの因果過程は科学的事実であって専門家によって何重にもチェックされて確認済みの公認事実であろう。そしてこの事実としての因果過程は「私に……が見える」という事態の中で生起していることに疑いはないだろう。しかしそれは、その事態の中の一部として生起しているということであって、その因果過程によって視覚の事態が生じるということでは全くないことは明らかであろう。因果過程によって視覚の事態が生じるというのは本末の転倒であり、脳産教理と呼んできた考えはこの転倒を犯しているのである。

一方、「私に……が見える」という視覚の事態において、外部物体からの反射光から始まって脳細胞に至る一連の因果過程は十分確立された事実であり、この事実は生理学者の生理学的方法によってしか発見できなかった、ということも確かである。更に、網膜以降の脳内過程のどこかに傷害があれば視覚風景にそれに対応した変化が生じる、という先に傷害因果と呼んだ連関があることも確かであろう。しかしこのことから脳産教理に誘われる必要は少しもない。傷害因果を次のように解すればよいからである。すなわち、正常な視覚の事態の中には無傷の因果過程が生起しているが、傷害のある過程が生起しているのはそれに対応した異常な視覚の事態の中においてである、と。そして、このことは経験的事実として見出される、と。このとき、複雑極まる脳内過程に目をくらまされないためには、網膜以降の脳の全体を網膜が多少肥大したもの位に見てとるのがわれわれ素人向きに役に立つ。

五　重ね描き

それにせよ、脳産教理の強烈な誘惑力にわれわれ素人もまた惑わされがちになる。それに対する解毒剤として一つの見方を提案してみよう。

一言で言えば、脳を原因、視覚風景（広くは意識）を結果、というように原因・結果のカテゴリーで考えるのをやめて、脳を視覚風景の中の一物体として考える、つまり、視覚風景という全体の部分として脳を考える、ということである。

第一に、「私に……が見える」という全体状況の中では脳は単に一つの物体に過ぎない、というのは全く平凡な事実であろう。第二に、その場合、視覚の事態という全体が主役であって脳は単に登場人物の一人に過ぎない、という点で、脳産教理における脳のオールマイティという グロテスクな不釣合が消滅する。要は、視覚の全体的状況にあって脳は一エピソードに過ぎない、ということである。

視覚の全体的状況を語り描写するには平凡な日常語で十分でありまた最適である。私は今山の方を向いて立っており二つの鋭い峰が見えている、といった具合である。このとき、峰から或る波長の光波が私の網膜に達しており、そこから例の脳内の因果過程が生起している。それらを描写するには生理学者の専門用語が必要だが、私は素人なのでその描写を簡約してΨ《プサイ》としよう。この専門的描写Ψは先程の全体的状況の日常語描写（これをDとする）の一部として書き加えられたものと考えることができる。そしてΨとDに喰い違いがない限り、この二つの描写は時間空間的に喰い違いなく重なっているはずである。したがって、ΨとDとは「重ね描《えが》き」になっている、と言って差支えあるまい。この意味での重ね描きは珍しいものではなく、一般に物理学の中でのマクロ描写とミクロ描写が重ね描きになっており、このことは統計力学の気体運動論とか幾何光学と波動光学の関係にその好例を見てとれるはずである。

視覚の事態をこのようにΨとDとの重ね描きと考えるならば、脳産教理の誘惑から解放されることができるだろう。更に、今まで「無脳論」と呼んできたものとは単にΨが欠落したDだけの描写のことであり、脳のことなど露知らなかった古代人にとっての描写である。

終りに繰返しておきたいが、以上述べてきた無脳論とか重ね描きによって脳産教理が誤りであることを証明するなどということは全く私の意図ではない。私の意図するのはただ、無脳論というグロテスクな考え方が可能であることを示すことによって、脳産教理に対する盲目的信仰に多少水を差すことができれば、というに過ぎない。

9 脳と意識の無関係

現代の人間観の基底にあって、よくも悪くもその骨格を規定しているのは、脳生理学の知見ではないだろうか。それはともすれば人間の意識を脳という特異な物的なシステムによって支えられ規制されているものという見解に引きつけようとする。しかしその一方で、脳生理学にはその意識との関わりという点で遺伝病とも言うべき弱点があることが、科学全盛の四面楚歌の中で忘れ去られようとしている。その病気は既に二百年前のデカルトの『人間論』の中で発症している。それは「脳を意識の原因として考えることはできるか」という強迫的疑問をその症状として以来、今日まで慢性的に連綿と継続してきている。しかし当の生理学者にとっては鼻カゼ程度にしか感じられずに軽視されてきた*ので、われわれ常人もまた「病いは気から」の格言でそれを無視することに馴らされている。だがここで、こうした状勢を無視してこの病気を改めて確認するということを敢えて試みようというのである。そのために、原因、結果という因果概念の意味を改めて検討することから始めたい。

一　時空連続過程としての因果

因果性をどういう意味にとったらいいのかについて現在支配的な考えは、ヒュームに始まる恒常継起（constant conjunction）の考えである。二つの事件が恒常的に相ついで起るときに、早い方を原因、後に起る方を結果として呼ぶ、という至極もっともなものである。しかしこの考えには大きな欠点がある。互いに無関係な二事件でも恒常的に継起すれば原因結果になってしまう。例えば、毎朝隣人が家を出てしばらくしてからお向いの家の人が家を出るという場合に、ありもしない因果関係をその間に考える。誰が考えてもこれはいただけないだろう。

そこでこの恒常的継起に代えて時空連続過程がその二事件の間にある時に、前の方を原因、後の方を結果とする、ということにしたい。実際、何かの原因から始まって何かの結果が起る、ということは、その原因から始まってその結果に至る時空連続的な過程があるということだろ

＊　ノーベル賞生理学者のエックルスはそれを「戸棚にかくした骸骨」と呼んで、生理学者が人様に見せるのをはばかるものとしている。

う。* 飲んだ毒物が小腸で吸収されて門脈の血流に入り肝臓を経て心臓筋肉に至ってその収縮を妨げるというのは、時空連続過程であり、毒が原因となって心臓麻痺が結果である。自動車のハンドルを回すと歯車のかみ合いを経て前輪の軸が動いて前車輪の向きを変える、という時空連続過程によって、ハンドルの回転が原因となって車の運動方向が変化するのである。そこにある連続過程の開始部分のどこまでを原因に含めるか、終端部分のどこを結果とするかには任意性があり、その時々の状況に応じて適宜それを定めればよいが、ありふれた状況では社会習慣的にきめられている。多くの場合には、発端と終端の目立った部分を区切って原因、結果と呼ぶ。その中間の大部分は言及されないので、前端と後端だけを強調するキセル因果の形をとる。

この時空連続過程の考えは、恒常的継起に較べて幾つかの利点がある。その一つは、コンロに火をつけてヤカンの水を湯にする場合のように、原因と結果が空間的に分離している時もその二つを一緒に取り扱えるために、因果関係が明瞭に表現される点である。コンロとその上の水を容れたヤカンの両方を一緒にした系に着目して、その合成系の過程を考える。始めは火のないコンロとその上の水入りのヤカン、次に火をつけたコンロとその上のヤカン、しばらくして後に火のついたコンロの上で湯気を出しているヤカン、という一連の過程を考えるので、その過程の中程の火がついたコンロの上の水入りのヤカンから始まる部分を原因とし、終端に近いコンロの上の湯入りのヤカンを結果とする。これを単に火を原因、湯を結果とする恒常継起の乱暴粗雑な言い方と較べてみれば、利点は明瞭であろう。更に、「夜が昼の原因」という継起説では説明に困るケースも極く自然に表現できる。太陽とその周りを自転しつつ公転する地球を合わせた系に着目して、東京が陰になっている間の太陽―地球系を原因とし、東京が照らされている間の太陽―地球系を結果とするのである。

これとほぼ同様なやり方で、引力やクーロン力のようないわゆる遠隔作用も連続過程の中で表現できる。右の太陽―地球系において、太陽と地球の間に万有引力を描きこめばよい。すると、或る時点での太陽と地球との位置関係は、それ以前の位置関係の連続的変化を原因とする結果である。遠隔作用を物理学はポテンシャル場として近接作用に変形するが、それに較べて太陽―地球系の連続過程の方が遙かに因果作用の原点に忠実ではあるまいか。

しかし恒常的継起の因果概念のどうにもならない欠点は、脳と意識といったような心身関係の領域で致命的な寛容を許してしまうということにある。というのは、この考えでは一般に継

＊ 脳生理学でのニューロンの間の軸索連結である「Pathway（径路）」こそこの時空連続過程の最上の例である。

起する二事件の性格には何の限定も差別もつけていないので、その一方の事件が脳の物的事件で他方が意識の心的事件であってもいいわけで、ただその二事件が恒常的に継起すればそれだけで脳は容易に意識の原因たりうるからである。したがってこの恒常的継起は、心身平行論や心身対応論で手軽に事をすませようとする人には都合が良過ぎる位に具合がよい。しかし、脳が意識の原因であるということに多くの人が抵抗を感じるのは、脳という物的器官が一体どういう仕方で痛みや悲喜といった意識状態を生むまでに至るのかという、その具体的な経過が理解できないからなのであり、その具体的経過こそまさに時空連続過程に他ならない。

二　脳→意識因果の不調

これ以後はこの小論の最後まで意識の代表的事例として視覚風景を考える。眼を開いたときに私に見える風景である。この風景は山川草木といった物的事物の風景であって、痛みや感情に較べて意識の中では最も物的要素に富んでいるだけに、同じく物的事物である脳との距たりも最も少ない。それで以下で述べる脳と意識の無関係については一番都合の悪い事例となるはずだというので、代表的事例として選んだのである。

山川草木のような外界の事物が脳にどのような作用を及ぼすかについての生理学の知見は山ほどあるだろう。それと並んで脳に発する作用がどうやって身体運動を引き起こすかについての知見も別のひと山を作るだろう。しかし問題は、脳から発して視覚風景に至る時空連続過程があるだろうか。あるかないかというよりも考えられるだろうか。その逆方向の風景から脳への連続過程は文句なしに明確にあるが、丁度その向きを逆にした過程が考えられるか、というのである。神経軸索を流れるインパルスと丁度逆になった過程がありえようか。もちろん軸索の向きを逆にするなどということではなくて脳の構造をそのままにしての話である。或いはシナプスでの神経伝達物質の移動方向と逆向きの過程を、シナプスの作動を現状のままにした上で考えられるだろうか。更に眼球の部分でも、網膜に始まってガラス体からレンズ、角膜を通って体外に出て今見えている向こうの山に至る連続過程をおよそ想像することができようか。更に、風景の中の風物ではなくてその風景が見えている経験そのものに至る過程となっては、およそ何を考えてよいのかさえわからない。経験に至る時空過程などは意味不明だからであり、この意味不明は、痛みとか思考とかのすべての意識経験に至る過程ということの意味不明一般の氷山の一角なのである。

それにもかかわらず脳を原因とする意識という話が平然と横行している殆んど唯一の根拠は、

脳から意識への傷害因果の事実があるからだろう。つまり、眼球から脳にかけての行路の一部に病変や損傷が生じたときそれに応じて意識、例えば視覚風景に異常な変化が起きるという歴然たる事実である。脳を原因として意識を結果とするキセル因果の説明としてわれわれ常人に教えられる根拠は、この傷害因果が唯一のものである。*

しかし、この傷害因果を説明するという点では、脳から意識への因果作用の仮定は唯一必然のものではない。今一つ可能な代案がある。それは今まで私が「重ね描き」と呼んできた概念である。

状況を整理すると次のようになる。まず外部風景から眼を通って脳に至る時空連続過程がある。この点には何の疑いもない。次に脳の傷害によって意識に変化が起きる。この傷害因果もほぼ確立された事実である。だがこの傷害因果は前の外部から脳への過程とは逆向きの因果である。この互いに逆方向の因果作用を一つの図柄に整合的におさめるにはどんな図柄が適当か、それが問題である。

この問題に入る糸口として、通常の因果と逆方向の因果として「透視」**をとってみる。天文学的観測を始め遠方の風景を観測する場合に、その風景と観測者の中間にある星雲や大気を透視することになる。望遠鏡のような光学装置を使うならばレンズ、プリズム、反射鏡といった光学的に均質でない中間媒体を透視しなければならない。更に風景を遮蔽する障害物として前景があり、その最も近接した前景に瞼という自然的遮蔽や、メガネという人工的遮蔽がある。ここで透視される中間媒体や遮蔽前景に何かの変化が生じると、風景にはそれに応じた変化が起きる。これを透視因果と呼べば、透視因果こそ風景→脳という因果経路と逆方行であることは言うまでもないだろう。

この透視因果の構造を考えてみると、通常の因果が連続過程の初発部と末端部として表現されるのに対して、前景をその背景となる風景に重ねて透視することである。過程の初発部に何かの変化があればその終端部にそれが及ぶのが通常の因果であるのに対して、前景の何かの変化はそのまますなわち背景の変化であるのが透視因果である。このことを明瞭に示すのが色メガネの場合である。

赤メガネをかけて風景を見ればその全景が赤く染まる。このことを生理学が通常の因果で説明しようとすれば大略次のようになるだろう。風景からの光が赤メガネを通過すれば波長の長

＊　PETその他の新しい方法があっても話は変らない。

＊＊　透視についての詳細は拙著『新視覚新論』東大出版会、一九八二、第六章にある。

い赤色光のみになり、それが網膜から大脳後頭葉の視覚領野に及ぼす因果作用は、風景が始めから赤色であってそこからの赤色光線が脳に及ぼす作用に等しい。その等しい脳の状態によって見える視覚風景は等しいはずだから、赤メガネを透して見える風景はそれ自身が始めから赤い風景と同様に見えるのだ、と。この説明のかなめ石として「脳が原因で風景が見える」という脳→意識の因果があることは、誰にも一目瞭然であろう。しかし透視因果の考え方では、それがなくとも説明ができる。すなわち、風景のどの部分も赤メガネの一部と重なって見えており、その赤メガネの一部は赤く見えるのだから当然風景のその部分も赤く見える。風景の全景にわたって同様なのだから、風景は赤く染まって見える。ここでは脳の因果作用はもちろん脳について一切言及する必要がなくて、ただ前景と背景の透視という構造から赤メガネ風景が論理的に演繹されているのである。

この赤メガネ風景での特性は、単に色メガネや望遠鏡の透視にのみ限られるのではなくて、「重ね描き」全体について言える一般的性格なのである。重ね描きの典型的事例としてマクロ風景（例えば角氷）の知覚風景に H_2O の結晶構造というミクロの分子構造風景を重ねてみよう。温度が昇って分子の運動が激しくなって結晶構造が崩れると、それがすなわち角氷の形の崩れである。この実に簡単なすなわちの説明に対して、生理学者の説明は赤メガネの場合と同様に、結晶構造変化からの光束の変化が網膜を通して脳に至る連続過程をくどくど述べることになる。この説明形式の著しい対比から、逆に重ね描きと連続過程との構造上の連関が明瞭になる。すなわち望遠鏡の透視構造で鮮明であるように、重ね描きとは連続過程を蛇腹のように圧縮したものなのである。連続過程の中間部が圧縮されて初発部分（原因部分）と末端部分（結果部分）とが重ねて描かれたものなのである。そして問題の網膜や脳の過程は光学的過程と同様に圧縮されてしまうので表面には現われない。透視による説明に脳への言及が脱落して風景だけの話になるのはその当然の結果である。

しかし脳についての言及が不要になるのは透視構造に限られるものではない。それは更に一般化されて、脳は意識の原因であるどころか意識とは原理的に無関係であると言えるのである。

三　視覚風景と脳の重ね描き

脳と視覚風景との関係または無関係をみるための糸口として、突拍子もない質問を立ててみたい。

今私に或る風景が見えているとする。生理学がこの視覚風景の原因が私の脳であると言って私の脳を特定する理由は何であろうか。というのは、脳が視覚風景の原因であるならば、現在生きている世界中の脳のどれもがこの風景を生じさせる能力があるはずだからである。そのざっと五〇億の現在生存中の脳の中で特に私の脳を原因だと特定する理由を尋ねたいのである。もしここで原因と結果の間に時空連続過程があるのならば答は簡単だろう。今見えている風景からその連続過程を逆に辿ってゆけば私の脳に到達するだろうからである。しかしそのような過程は見当らないのである。そこで次のように答えるだろう。

今見えている風景の元となる物理的事物の正面にあって眼を開いているのは私の身体である。その開いた眼にその事物からの光が入射してその作用が到達するのは私の脳であって他の誰の脳でもない。だからこの風景の原因は私の脳でしかありえない。

これは正しい、しかも示唆に富む答である。確かに、生理学が生まれる以前から、何かが見えるのは眼前の事物から発する何かが開いている眼から私の中に入るからだと人間の常識は信じてきた。エピクロスは事物からその表面の薄膜（エイドロン）が次々と剝がされて眼の中に入ることで物が見えるのだと考えたし、ローマのルクレティウスの詩がそれを伝承している（"De Rerumnatura" 樋口訳『物の本質について』岩波文庫）。またはアラビアの科学者もそれに似たことを述べていた筈だ。何よりも、瞼を閉じるとか眼の前を手や不透明物でさえぎると風景の全部が見えなくなる、という傷害因果類似の経験の日常の確実さが人を説得したのである。この常識の線の延長上に脳が入るのはまことに自然である。しかし注意すべきことがある。この常識路線での原因は外部の事物であって、脳は二の次になる、という点である。外界の事物が主役であり脳はそれからの作用を受け止めることによって初めて風景の原因たりうるのである。連続過程解釈の上で言うと、風景と脳を結ぶ過程を更に背後に遡った所に外界事物がある。

ところが外界の事物と視覚風景の間にはこの路線以前に既に直接的な関係が成り立っているのである。その直接的な関係とは意味の上の関係である。すなわち、「かくかくの事物が存在する」ということの意味の一部にその事物の今見えている視覚風景Sが含まれている、という意味関係がある。外界の事物が三次元立体であることからこの意味関係が生まれてくる。例えば、円錐形があるという意味には下から見れば円形だが、横から見ればどの視点からでも三角形が、上から見れば中心点を持つ円が見えるということが含まれている。それと同様に、もっと複雑な立体形をした机とか人体とかでも「そこに机（人体）がある」ということの意味にはあれこれの視点から見える視覚風景が含まれている。

この意味関係からして、円錐、机、人間その他何にせよ外界の事物が私の眼前に存在するならば、私にはその視覚風景が見えているはずである。いや、見えていなくてはならないのである。これは意味関係からくる、という意味で論理的な必然なのである。

それゆえに、ここで脳を通過する連続過程を言ったり、脳を原因だと言うことは不要であり余計なことになる。それはピタゴラスの定理をその三角形が描かれた紙やインクの材質から説明したり、二箇の小石と三箇の小石の集りが五箇の小石になるのは小石の物理的性質が原因だというのに等しく、誤っているというよりも場違いでありピント外れなのである。もしこのことが当っているならば、生理学がいかに豊かな学問的蓄積を背景にいかに尖鋭な実験技術を駆使しても、脳から風景に至る連続過程を見出すことは不可能なことも当然である。それはアリストテレスからガレノスにまで受けつがれた、脳に「心臓内の熱と沸騰とを調節する」(アリストテレス『動物部分論』ベッカー版七〇一頁)冷却機能を求めた努力以上に見当外れの無駄な試みだからである。

では生理学の眩しいほどの学問的権威を全く無視することになる意味関係とやらは、一体どんな素性を持った馬の骨なのか。その意味関係が生まれ育ったのは他でもない、人間の日常生活の場であり、したがって生理学を含む科学と出生地を共有する同郷者である。日常生活の中で立体形の固形物が「存在する」ということの意味がゆっくりと形成されてくるときに、まず何よりもその物をあちこちの視点から眺めたときの視覚風景が主柱となったであろう。そしてその主柱のまわりに手ざわりや舐めたときの味や重み、更に叩いたり突いたときの反応、炎にかけたときの燃え具合といった諸項目が加わっていったと思われる。これらの意味形成は、絶えず人間集団の各成員で試されてゆく中で誤解や不具合は訂正され、食違いは調整されながら進行していったであろう。そしてこの「存在」の意味は、こうした厳しい実用の中で鍛錬されることで十分使用に堪える強固さを獲得していって、遂には日常用語の中に定着し、それが次々と世代を経て伝承されてきて今日われわれが現にそれを手にしているものと思われる。「存在」の意味はこうして日常生活の中で形成され実用されたものであって、存在論などがひねり出したものではない。「存在」の意味はまず何よりも日用品でありトイレットペーパー同様の実用品なのである。そうだからこそ生理学の勿体振った権威にも抵抗できるだけの強靱さを持っているのである（精しくは5章一節及び6章一節参照）。

一方それに対して生理学もまた日常生活に根を下ろしている。その最大経の主根は、視覚風景を「私は……を見る」「私に……が見える」という主体―客体―認識の分節で把える方式であると思われる。この三項分節も「存在」の意味と同様に、日常生活の中で日用実用品として意味形成されて今日に伝承されてきたことに間違いはないだろう。この三項分節の根からやがて枝葉が繁茂して生理学の華麗な花が咲いたのだろう。その花びらの一片が意識の原因としての脳の考えである。この三項分節に深く深く呪縛されてきたわれわれには、風景が眼や脳を通さずにただ意味関係だけから見えてくるという考えは奇怪至極で狂気の沙汰としか思えないだろう。しかしその三項分節もまた風景からゆっくりと時間をかけて形成されたことを自覚するならば、この意味関係を幾分冷静に受容できるのではなかろうか。

無数の風景の経験の中からいつかその風景を経験している私という意味（「私」の意味の制作については次章二節以下に詳しい）が沈澱析出してくるだろうし、その私の意味が動作主体としての私の意味に融合合体してゆくだろう。この私の意味に堅く結びつけられて「私が見る」の意味と「見られる世界」の意味が形をなして生成されてくるだろう。こうして形成された三項分節の構造はしっかりと人を捕らえて離さずに、次々涌きでる新しい経験をこの分節に従属させていって、やがて確固とした先入観念の位置に達するだろう。人はこの三項分節に魅入られてそれから眼をそらせない。その結果、同じく経験の中で形成されてきた先に述べた「存在」の意味とその意味に含まれる視覚風景が見えるということ、しかも眼や脳と一切関係なしに見えるということを、冷静に受容できないのではあるまいか。だがこの突拍子もない考えを直ちに受入れる必要はない。ただ三項分節が唯一可能な意味ではなく、如何にグロテスクに思われようとも、三項分節とは別の方式があるということを認めることだけでよい。別の見方がありうることを認めるだけで、僅かに残された自由を回復して、自分に憑依して自分を独占している三項分節の束縛をいくらかゆるめることが可能になる。

四　脳の機能再考

脳と一切無関係に視覚風景が見えるということが一応承認されたとしよう。しかし疑問が次々に涌いてくるだろう。

仮にそういうことがあるとするならば、脳は一体何の役割を果たしているのか。まさかガレノス流に血液冷却が脳の機能だということではあるまい。

それに答えるのは私のような素人ではなくて生理学者でなければならない。だがこれまでの生理学は三項分節の中で生きているので、それから外れることを見る意欲も、そして恐らく見る能力も失っている。生理学が三項分節から解放されて視力を回復して探索するならば、今までは思いもかけなかった脳の働きを発見してくれるだろう。

その新しい脳の機能は、風景を視るといった意識とは全く別方向のものではないだろうか。例えば交感副交感神経のように外界からの刺激を全身深く内臓にまで伝える、といったように、意識とは関わりないがそれでも身体を外界に呼応させる自動制御装置の働きである。あるいはベルグソンが考えたように外界からの刺激と身体運動の中間に介入して或る変様を加える、といったことも可能だろう。しかしベルグソンが述べたようにその変様を自由意志だとする必要は必ずしもない。

脳の機能が果して何であれ、その脳の働きは意識に関わりを持たずに進行するだろう。ということは、意識と脳との長い間忘れられてきた相互独立性が再び明るみにでてくるだろう。「機械の中の幽霊」という悪意の冗談に近付いてくるだろう。

しかしこうした迷妄すべての出発点は現代生理学がいやでも認めざるをえない科学的事実であった。すなわち、傷害因果を除いて脳が視覚風景の原因であるとする証拠は皆無であるという事実である。生理学はこの事実に知らぬ顔の半兵衛をきめこんでいるが、この事実が将来訂正される見込みは今の所なさそうである。

五　心脳因果と重ね描き

以上に述べてきた、脳とは傷害因果を除いては全く無関係な視覚風景という状況を表現するには、脳と意識の因果関係を忌避する重ね描きの手法が願ってもない方法であることは当然であろう。この重ね描きの図は、側面図と正面図の二つに分かれる。側面図では左方に見られる机や山のような物理的事物を置き、それに対してそれを見る人間の身体という物理的事物が描かれ、眼球、網膜、そして脳が描きこまれる。

この視覚対象とそれに対する身体という二つの物理的事物の上にはその分子、原子レベルの細密な構造が重ね描かれる。そして対象と眼との間には空気の窒素、酸素等の分子と共に対象から眼に入射する電磁場あるいは光子が描かれねばならない。これに応じて視神経や脳ニューロンにはインパルスやシナプス、化学伝達物質のアセチルコリンその他が描かれる。その描き方を指示するものこそ現代生理学の偉大な成果なのである。この側面図に対して正面図はもちろん見えている視覚風景そのものである。だがそこに網膜や脳の傷害因果を描きこまねばならない。先にこの傷害因果を透視によって説明したことを憶いだせば、この視覚風景の上に網膜や脳を重ね描けばよい。透視とは複数のものを同一視線上に見ることだからである。こうして視覚風景の上に重ねる時に注意が必要である。大脳前頭葉の前で起る視神経交叉によって視野の右半分は左右眼網膜の左半分を経て大脳左半球に投射され、視野の左半分は網膜の右半分を経て右半球に投射される。このことから視覚風景の右側半分の上に左右両眼の網膜の右半分と大脳右半球が、視覚風景の左側半分の上に網膜の左半分と大脳左半球が重ね描かれることになる。

この重ね描きで、網膜や脳に何の損傷もない時はそれらは透明で、視覚風景に何の障害も生じない。網膜や脳は不透明ではないかと言う人は、それは解剖室で外部から見た時の話で、生体の眉の下に位置して外部風景を透視する場合には透明であることは確実な科学的事実であることを注意しよう。眼球、網膜、脳のどこかに病変や損傷がある場合には、それを透視する部分が不透明になるというのがまた科学的事実である。この不透明というのは黒く見えることではなくて、盲点の経験が示すように、また自分の背後が見えないように、不可視になることである。これが重ね描きによる傷害因果に他ならぬことは明瞭であろう。そして生理学の因果追求の方式ではこの傷害因果そのものを満足に説明できないのである。生理学は例えば色彩視覚の研究で長足の進歩をとげている。網膜細胞に含まれるロドプシンの光化学変化を軸として色彩に対応する生理過程の全貌が解明されるのも遠くはないだろう。しかし解明はそこで途絶え、そこから視覚風景に至る過程が発見されることは恐らく永久にないだろう。それに対して重ね描きの方式にあっては始めから色のついた視覚風景が見えているのであって、その色彩を説明する必要がないのである。その色彩風景の上にスクリーンのように重ね描かれている網膜や脳に病変があるときにそれを透視することで色彩に何かの変化が生じることはあるだろう。色弱や色盲をこうして重ね描きで表現できる時が来るかも知れないが、現在ではまだ出来ない。ただ、スクリーンと言えば、視野の安定のために必要な眼球の細動は、この重ね描きでの網膜や脳のスクリーンの振動によって風景がよく見えることに対応するとも考えられる。

こうしてこの重ね描きは、脳から視覚風景への時空連続過程の不在と傷害因果の表現という現代生理学の現状に見事に適応した説明方式であることが明らかになったことだと思う。

しかし生理学が二百年以上なれ親しんできた因果追求をこの重ね描きに切り換えるかどうかは全く別の問題であろう。それは長年乗りなれてきた馬を捨てていかにも不細工で不気味な自動車に乗り換えるように、習熟と気分の問題だからである。始めは物好きな生理学者が試しに使ってみて使い勝手がよいと感じてそれを宣伝するという新製品の販売宣伝と同じ経過が必要であって、真偽正誤の問題ではないのである。

だがそれは将来の話である。今の所はもっと短期的な効用があるだろう。脳が意識の原因だという心脳因果の考えは、固定観念になって生理学を独占するだけでなく、常人の人間観を制圧してそれ以外の思考をタブーにする寸前といってよい。重ね描きの構図は、尚僅かに残された人間観の自由を証示することで、心脳因果の圧政に抵抗してみせる試みである。したがってそれは時代錯誤の試みであるが、今僅かに残された時代錯誤である。しかし、エックルズ、シェリントン、ペンフィールドといった生理学の碩学がその老年になって首をかしげたくなるような哲学的言動に陥るのをみれば、時代錯誤も一種の向精神薬的効能を持つこともあるだろう。

10 意識の虚構から「脳」の虚構へ

一　自我の意味制作のシミュレーション

自我、という誰にとっても最も親しい概念であるはずなのに一旦それを把えようとするとつるりと指の間から抜け出てしまう、この恐らくは最も手こずる概念を探求するのに際して、私がこれまでに時間の概念と他我の概念に対して試みた方法をとることにする。その方法とは人類がこれまでその生活の中で制作してきた自我の意味の生成過程をシミュレートする、という方法である。時間、他我、自我といった概念は人類共通のものであって、人類全体が石器や金属器の道具類をその中で制作してきたのと全く同様に、その生活の中で地質学的な長時間をかけてその意味を制作してきたものと思われる。これらの意味がもし制作されず現世のわれわれに伝えられることがなかったならば、われわれが今日の意味で人間と呼ぶものとは種類の違った生物になっていただろう。

　こうして自我の意味制作を人類共同のものとみることで、自我の過剰な哲学化を避けることができる。自我を何か把え難い謎としてそれを哲学的に解明すると意気ごむことは、これまでの数多くの実例が示すようにろくな結果を生まない。たいていは不必要な修飾で肥大し、神秘的な形容で極度に濁った自我概念の欠陥標本が増えるだけになる。それに対して人類の制作として自我概念をみるならば、けばけばしい哲学的修辞がまぎれこむ危険が減少する。人間の実生活の中で実用に堪える自我概念が制作されてゆく過程を素直に観察し想像することに集中すればよいからである。

　更にこの制作シミュレーションの方法によって、自我概念に発生した大きな病的欠陥を摘発することができる。というのは西洋哲学最大の誤謬だと思われる主客概念に寄生してほとんど訂正不能な傷害を与えた事情を観察できるからである。その観察から、主客の概念が自我概念のどういう隙間から侵入してその勢力を増やし、やがて実用的自我概念の上に巣食う巨大な腫瘍に成長してゆくか、そしてその腫瘍が現在に至るまで連綿と遺伝してきて今日なおその病毒がわれわれを苦しめているか、こういう事態が明らかになってくるだろう。なかんずく、この腫瘍はもともと西洋で発生した病患であるにもかかわらず、われわれ日本人の極めて劣弱な思想免疫力をいとも簡単に突破して今日のわれわれ自身の中で発症している現実に、注意を喚起したいのである。

二　語り存在としての自我

今現にわれわれが実現している自我概念の原型を辿ってゆけば、動作主体としての自我の意味に行きつく。人類の生活の中で肉体動作が占める重要性を疑う人はいないだろう。だから人間の言語使用が或る段階に到達した時に、身体動作の表現が発生しないわけにはいかなかったはずである。私が歩く、彼が走る、彼等が食べる、あいつが出かける、……こうした人称代名詞と固有名詞を主語とする動作表現が一団となって発達してきたはずである。これらの動作表現の主語を、その表現から独立に切り離して知覚的に指示することはできない。しかしそれらの主語が動作述語を伴って文となるとき特定の動作を経験的に描写する。その描写は十全な描写であって、知覚可能な例えば「赤い花が咲いている」といった文と較べて些か劣る所のない全き経験描写である。このように直接独立には指示できないが文の中では完全な経験描写となるものを、かつて「語り存在」と呼んだ（本書第6章「疑わしき存在」）。語り存在の典型的な例として自然数を含む普遍概念があるが、上述の動作主体もまた語り存在なのである。自我概念はまず他の人称代名詞や人名と共に動作描写において語り存在の身分を獲得するのである。そしてそれは一人称主語として孤立的に獲得するのではなくて、他の代名詞や人名主語と共に集団的に語り存在を獲得する。他の代名詞や人名主語との類比や交換もその中で理解されてゆくだろう。こうして集団的に描写が理解されることで、自我の意味制作は一段と容易になり、僅か二歳の幼児が楽々としとげているのを多くの人が見てきているだろう。

三　コギト主体への拡大

こうして動作主体としての自我の意味は、他の代名詞群との共働生成の中で比較的に容易に制作される。この動作主体としての自我の意味を土台にして拡大されるのがコギト主体としての自我の意味である。考える、想像する、計算する、愛する、等々の心的動作を一括してデカルトはコギトと呼んだ。様々な身体動作の主体として自我の意味が制作されるのと全く平行的に、これらコギト動作の主体としての自我の意味が制作されることは容易に理解されるだろう。もちろんこの場合にも、自我の意味が単独にではなく他の代名詞や人名主語と共に集団的に制作されること、したがってその過程で他の代名詞や人名主語との間の類比や交換といった諸関係も半ば自動的に生成すること、そしてその結果としてコギト主体としての自我が「語り存在」の性格を獲得すること、これらのことは改めて言うには及ばない。更に、この集団的制作の意味の中で「他我」の意味も自然に制作され、それによっていわゆる「他我問題」が自然消滅することを付言しておく（精しくは拙著『時間と自我』10章「他我の意味制作」）。哲学的思考が机上の空論的に作成した難問題は、人間の実生活での意味制作の中で春の淡雪のようにおのずから解け去るのである。

ここに一つの問題が残る。それは、こうしてコギト主体として制作された自我の意味と、先に動作主体として制作された自我の意味との間の同一性が確保されているかどうか、そして確保されているのならばいかにしてかという問題である。

もちろん、動作主体とコギト主体とは同一であるし、その同一性は実生活の経験の中でまことに滑らかに生成される。歩きながら周囲を見る、走りながら考える、といったありふれた平凡な経験の中で、歩いたり走ったりする動作主体と見まわしたり考えたりするコギト主体との同一性がまがう方なく体験されている。動作主体とコギト主体とは別々のものだなどという浮き世離れした思いが生じる余地は全くない。それにもかかわらず、動作主体から分離された

「精神」が捏造されることが皆無ではない。

この動作主体であると同時にコギト主体でもある自我が優れて意志的であることに注意されたい。身体動作の主体であるとは身体動作を意志的に遂行することであり、同様にコギト主体とはコギトの意志的遂行であることを思えば、この自我が意志性そのものであることは当然のことである。

こうして制作された自我は、当然のことながら主語としての「私」である。一旦この主語としての「私」が制作されれば、それを核として所有格の「私の」の意味と対格の「私に」、「私を」の意味を制作することは比較的容易であろう。このときそれらの制作が他の代名詞や人名名詞と一緒に集団的に行われることは、繰返すに及ばないだろう。

四　大脱線、「私の意識」

動作主体とコギト主体が一体化して自我の意味が制作されてくるまでは、すべてが順調に進展していった。ところがここで悔んでも悔みきれない災厄が生起した。それは「私の意識」という虚構が形成されて、すべてを台なしにしてしまったのである。近代哲学の開始としてあれだけ喧伝されてきたあの「コギト・エルゴ・スム」こそ、紛れもない災厄の始まりであったと言わねばならない。

我が国では多くの人が主観—客観の概念を西欧哲学の病原として批難してきたことは確かであるが、その対策として東洋風と称する主客合一とか主客未分を持ち出すのがせい一杯であった。しかし主観—客観の概念の一段底には「私の意識」の概念がひそんでいることを見てとる必要がある。

「私の意識」と言っても、そこに何かの危険を感じる人は多くない。この言葉は一見無邪気という外見を持つように、その発生は極めて自然で何ら不自然な所がない。

人類が多様なコギト経験を言語化することに習熟した段階でコギトの私秘性《プライバシー》に注目することはまことに自然なことであっただろう。

想像する、企図する、思い悩む、そして愛するとか憎むとかというコギト経験は自分だけの経験であって、私以外の他者にとっては全くかくされている、このことに気付かぬはずはない。こうした「内心に秘めた」経験を他者がいくらかでも知ろうとするには、騙したりすかしたり、果ては拷問にかけて打ちあけ吐かせなければならない。こうした実生活の経験がやがて「心の中」という意味の制作に導いただろうことは想像に難しくない。

この「心の中」の経験は始めは想像や思考、そして感情や意図と呼ばれるコギト経験が主であっただろう。しかしやがてそれらの経験に巻きこまれて、それらとは別種のコギトである知覚経験も「心の中」に引きこまれてゆくことになる。例えば視覚経験、「見る」というコギト経験をとってみよう。

私たちが何かを見るというとき、何を見るかについて大きな分岐があることは誰もがよく承知していることである。一方では「机を見る」といった立体的事物である。しかしその机の側面背面や内面が見えているわけではないことに気付く時、（本当に）見ているのはその机のこちら側の表面（知覚正面《ファサード》と言おう）であるとも言える。ここにある知覚正面と立体的事物との分岐を面—体分岐と呼ぶことにする。一旦この分岐が気付かれたならば、立体的事物の方は公共的に他者と共通するのに対して、知覚正面の方は人様々であるというコンストラストに気付くまでにさして時間はかからないだろう。知覚正面を見るとき、見る人の位置により、見る人の眼の状態、例えば涙やほこりや眼病により、また時には見る人の全身的状態や気分によって見られる知覚正面が異なること、したがって他者と共通の立体的事物を見ている時にでも、見ている知覚正面は同じではないこと、これらの知見が知覚正面を見るというコギトを「心の中」に吸引してゆくということは、極く自然であって十分了解できることではあるまいか。

こうして想像や感情のコギトに先導されて、遂には知覚のコギトまでが「心の中」に吸いこまれてしまう。「心の中」という野合的な意味がブラックホールと化して、コギト経験の全分野を呑みこんでしまうのである。この強力な吸い込み現象に遭遇すると、身体動作経験もまた無傷ではいられなかった。身体動作にともなう筋肉運動の知覚も見る、聞く、等の知覚コギトに並行して「心の中」へと移行したのである。

こうして生じた「心の中」という実際生活での意味は、やがて哲学言語の中で「意識」と呼ばれることになった。

だからくれぐれも忘れてならないのは、「意識」が実際生活の「心の中」から由来し、その「心の中」は感情や思考のコギトの私秘性から始まったということである。

ところが意識という意味は、このつつましい発端から飛躍して途方もなく膨満する。客観世界に向い合う主観意識という壮大な相関を獲得したのである。この膨張過程を、上に述べた視覚コギトの面―体分岐に沿って眺めてみよう。

前に述べた通り、立体的事物としての机は、それを見る複数の人間の間で共通の指示が可能な、それ故に公共的な対象である。それに対してその机の私に見えている知覚正面は、ただ私だけが見ることのできる「見え姿」である。この面―体分岐の事実が不当に誇張されるとき、客観的事物とその主観的意識という不幸な対比が生れた。立体的事物とその知覚正面という一般的ではあるが単純無垢な関係が、一転して客観的事物とその主観的映像という怪物的関係に変容させられたのである。「私が机を見ている」という視覚コギトに固有の三極構造が、この主観—客観の奇怪な関係を強化したという事情もある。いずれにせよ、知覚正面を見る視覚コギトの経験が客観的対象（立体事物）を私が意識する経験であるという歪曲がここで生れ、その結果、知覚正面の風景は「私に帰属するもの」とされるに至る。つまり「私の意識」に帰属することになる。机のような個別的対象に生じたこの異常な歪曲の総和として、客観的世界とその主観的意識という罪深い対比が生れてくるのは自然であった。

すべてがそこから発出しそこに帰着すべき始原の経験の所与には、主客の対立関係は存在しなかった。その無垢な所与から制作された「私」とは、単に動作主体兼コギト主体を意味する語り存在に過ぎなかった。その自我は確かにコギトの経験主体であるが、そこからコギトをこの自我に帰属させるのは無責任な犯罪行為である。それによって帰属が未定で開いているコギトの内容、知覚風景や想像風景が、一方的に私の意識に帰属させられることになる。その結果、シュリックからストローソンに受けつがれてきた「経験にはオーナーはいない」という貴重な観察が破壊される。その結果、帰属未分化の知覚風景が強引に私の意識に帰属されることになる。世界風景の強制的内在化が起るのである。これは決定的誤謬の第一歩である。意識に内在化された世界風景は、外的世界（客観世界）の意識への「現象」と解釈されることになる。つまり、世界風景は客観世界の主観的模写《コピィ》と解されるのである。これが世界と意識、客観と主観という根拠皆無の二分化がもたらす当然の結果なのである。客観と主観という暴力的分極に際して「感覚の排斥」と私が呼ぶ症状が誘起された。第一性質と第二性質と呼ばれるロックの仕分けとして哲学史に精しいが、既にいわゆる科学革命の折りに、ガリレイ、デカルトといった現代科学の基礎を（誤謬と共に）築いた天才達の中に、その激しい症状が出現していた（この事情は拙著『知識と学問の構造、知の構築とその呪縛』、昭和六〇年、放送大学教科書〔筑摩学術文庫に再録〕で詳述した）。

この「感覚の排斥」によって事物の色、形状、温かみ、匂い等々の感覚的性質は客観世界から剝ぎとられて主観の意識に配属されるという、現在なお科学の骨格を冒している病毒を発生させたのである。感覚的性質を剝ぎとられた客観世界には各段階の原子論に明白に示されているように、ただ幾何学的性質と運動とが残されることになる（このことがまたゼノンの逆理として発症することは本書第4章「ゼノンの逆理と現代科学」で説明した）。

いずれにせよ、自我概念の制作が大過なく順調に制作されて動作主体兼コギト主体の段階に至った時に、「私の意識」という鬼子的な意味が突然に発生して、それが転移する癌細胞のように現代科学にまで遺伝的に伝えられてきたのである。現代科学においてこの遺伝病の形跡がありありと見られるのが、皮肉にも現代科学の目玉商品としてもてはやされている脳生理学なのである。「脳」の概念こそ「私の意識」という腫瘍概念が一段と悪性化した意味に他ならない。

五　「脳」概念の発症

前節で述べた自我概念制作途上に起きた不時の災厄は、その後の科学的世界観の展開に大変な重圧をかけることになったことはたやすく想像できる。客観世界とそのコピイとしての主観的意識という発癌性の強い腫瘍は、客観的世界のコピイが主観的意識の中に、ではどのような機構で形成されるのかという妄想課題を引きおこして強制的に答を迫るからである。それに対して人間は手あたり次第あることないことを案出して、何とかこの重圧から逃れようとする。

最初に試みられた思案はまことに自然で素直なものであった。エピクロスが考えたように、客観世界のかぶっている最外側の薄膜（エイドロン）が剝がれて人間の眼に飛び込んでくるという大胆率直な考えは実は、何かが見えるのはその何かが「目に入る」ことだという常識の表明であったと思う。そして外部の客観的対象から「目に入る」「耳に入る」因果的系列を追跡することは自然であり、しかも難しくはなかった。デカルトの時代にはその因果系列は当時の「松果腺」に到達していたし、眼球の底の網膜像も広く知られていた。しかしここでほとんど克服不可能な困難に遭遇する。松果腺上の映像や網膜像から対象のコピイ、外部対象の「見え姿」に到達する因果系列が発見できないのである。この事情は現代の発達した生理学においても同じである。例えば大脳皮質の視覚領野のカラム構造とか特性抽出ニューロンとかの精妙で驚くべき知見に到達しても、そこから視覚風景そのものに行く因果系列は通行止めになっている。生理学者は更に探索が進み新しい実験方法の創案があればやがてこの通行止めは突破できると考えているように見える。しかしこの楽観論は恐らく維持できないだろう。なぜならここにある困難は生理学者が考えているような事実的知識の不足や研究の進行から生じているものではなくて、構造的で論理的な困難だからである。これまで述べてきたような自我概念の制作途上に発生した災厄に起因するものなのである。第一に、前節で述べた「感覚の排斥」によって客観から感覚性質である色彩、匂い、味、ぬくもり等が奪い去られた。こうした感覚性質を抜き去られた材料（神経、ニューロンやそれらを構成する原子や分子）から因果系列によって感覚的性質を改めて再び産出することは論理的に不可能である（原子や分子の運動と配列から「痛み」の感覚が因果的に生じるはずはないだろう）。第二に、客観のコピイの位置である。主観側のすべて、例えば網膜像であれ視覚領野のニューロンの興奮であれ、それらは客観の存在する位置とは異なる位置にある。客観からの因果系列を目や耳を入り口として体内に辿る限り、それによって客観の存在する位置からずれていくことは論理的宿命なのである。網膜像が客観のコピイであるかどうかについての長い論争の果てに否定的見解が勝った理由は、たまたま網膜像に倒立という目につきやすい性格があったことにも助けられてではあるが、その根本はこの客観との位置の違いという宿命的な論点に由るものであった。

こうして、客観的対象を出発点として因果系列を体内に辿る、という生理学ルートでは目的のコピイに達することは絶対に不可能なのである。生理学の進展によってこの因果系列のルートはますます精妙になるだろうが、それは決して完結することはできない。簡単な例として味覚をとってみよう。御馳走を口にするときの味である。生理学ルートはその口の中の食物片から出発して舌や顎の上の味蕾から味覚神経を辿って複雑な分岐や接合を経て大脳ニューロンにまでは行きつくだろう。しかしそこで行き止まりである。そこからどんな仕掛けを工夫しても、でてくるのは何かの物理化学的な現象であって、今楽しんでいる味覚そのものでは決してない。

生理学ルートは決して完結することのないループなのである。

生理学者にとっては、この未完に運命付けられている生理学ルートは他にかけがえのない唯一可能な探究方法に思えるだろう。だからもしこのルートが成就することのない道だとすれば、探究を断念するしかないと考えることになるだろう。しかしここであきらめる必要は毛頭ない。なぜならば、ここで探究は一切必要とされないからである。事は既に決着済みであって何の探究も必要ないのである。そして必要のない探究を始めたことが生理学ルートの失敗の原因なのである。

視覚経験を例にとる。前に述べたように、視覚の根本的性格として「体―面分岐」があり、この分岐の一方に立体的事物があって客観的事物とされ、他方には面状の知覚正面があってそれが立体事物の主観的「見え姿」とされる。ここで生理学ルートは立体事物を出発点として因果系列を探索する。その事物からの反射光線、眼球での屈折、網膜細胞の刺戟、視神経の興奮伝達、幾つかのシナプス通過、後頭葉ニューロンの興奮、こうしたお定まりのルートが将来は更に未知の領域にまで延長されるだろう。しかしそれがどのように延長されようと、今私に見えている視覚風景がそこに出現する望みはないだろう。このルートのすべては感覚性質とは無縁な素粒子の運動や配列であって、それらが色着きになることはありえないし、そのルートが頭蓋の中を右往左往する限り、私の眼前数メートルに見える視覚風景がそこに出現する道理がない。

しかし、生理学ルートにせよ何にせよ、そうした探索は全く必要のないことなのである。なぜならば、立体事物とその知覚正面の「見え姿」との関係は、そもそも始めから意味論的に決着がついているからである。

机や椅子といった立体事物を一体どんなものとして人間は理解してきたのだろうか。換言すれば、立体事物の意味をどのように制作してきただろうか。簡単な場合として、例えば三角錐の立体形をわれわれはどのように理解しているだろうか。様々な方面からどのように見えるか、つまり、各方面からの知覚正面の風景から理解していると言えよう。下から見れば三角形、上からは三角形の中央に頂点、横から見れば三角形、あるいは二つの三角形の接続として見える。こうしたすべての視点から見える知覚正面の見え姿の無限集合を理解していることが角錐という立体形を理解していることである。

立体事物の意味とは、こうして各視点からの知覚正面の見え姿の無限集合として制作されてきたのである。だとすれば、そのような立体事物が私の前方に位置して存在する時、その立体の意味によって私の視点からの知覚正面が見えることになる。そしてそれはその立体形事物の制作された意味によってである。もしたまたまかりに予期したのとは異なる知覚正面が見えるようなことがあったならば、それを何かの「見間違い」として簡単に処理しきれない場合には、それによって立体事物の意味に訂正が加えられて新たな意味が制作されることになる。

こうして或る立体事物（客観的対象）が存在するときに、私の位置からどのように見えるか（主観的意識）は、その立体事物の意味によって既に決まっているのであり、それなのにそこに改めて因果系列を探究しようとする生理学の試みが結局空中楼閣に終ることは、始めから論理的に運命付けられているのである。

しかし、生理学は全くの無駄骨を折ったわけではない。外部の立体事物から人間の身体に及ぶ影響を深度深くまで因果的に追跡したのである。この因果系列の中心部が「脳」と呼ばれる領域なのである。だがこの脳に至る因果系列を延長して主観的意識にまで及ぼそうとすることは論理的に不可能であり、そこに尚暗黙の希望を託することは根本的な誤りなのである。それは意識という虚構を引きついだ脳の虚構にはまることである。その結果、外部世界から発する因果系列の追跡の行路は不可避的に袋小路となって沙漠の川のように消え失せることになる。

六　因果に替えて「重ね描き」

前節で述べたように、主観―客観という根本的に誤った構図の下で外部世界の知覚を因果的に理解しようとした脳生理学の道の破綻は今や明らかで、これ以上続行することは被害を更に増やすことになるだろう。この因果追求の道にこれまで投下されてきた測り知れない生理学の英知と労力を思えば誰もが忍び難いことではあるが、この道の追求はもはや断念すべきであろう。

しかしこの道を断念するということで生理学の貴重な成果が意味を失ったくず物として捨てられるわけではない。その蓄積されて今尚増加中の厖大な成果を、因果とは別な新しい構図の中に配置し直すだけでよいのである。この再配置によって、それらの成果はこれまでとは別な意味を持つことになるだろう。それはコペルニクスの座標変換によってトレミー天文学の観測結果が捨てられるのではなく、新しい意味を獲得するのと事情は同じである。

では生理学が再配置される新しい構図とは一体どんな構図なのか。ここで私が提案したいのは「重ね描き」と呼んできた構図である。

従来の因果構図は、外的対象から人間内部への因果系列を追えばその対象のいわば主観的コピイに到達するという誤った展望に支配されていた。この誤っているが故に論理的に通行止めになる展望をいさぎよく捨てる。だがそうやっても外的対象もそこから発する因果系列も全く元のままに残る。それに加えて因果構図が空しく願望した主観的コピイに当る知覚風景がそこに残っているのである。この知覚風景はそもそも外的対象がそこから制作される原材料として始めからでんと存在していたのである。因果系列の構図はこの基本的な骨格の頭と尻を逆にして知覚風景の方をプロデュースしようとしたために巨大な空転に陥ってしまった。この倒錯を元に戻して、知覚風景をそのありのままに受け取ってそれを因果的であれ何的であれ「説明」しようとしない、これが「重ね描き」の根本的動機である。すると、因果系列の発出点であった外的対象が今度は知覚風景の方から「説明」される立場になる。その「説明」の方式は因果的科学的説明とは全く異なって意味的説明なのである。前にも述べたが、例えば机や椅子といった立体事物の意味を人間はどのように制作してきたかを記述する、それが意味的説明である。前に述べた通り、例えば机という立体事物の意味は各視点からの知覚正面である知覚風景の無限集合として制作されてきている。このような意味である机という外的対象と、例えば私に見えるその知覚風景とは時間的空間的に「重なる」ことは当然だろう。それを簡単に言えば、私に今見えている机の知覚風景に重ねて（それを表面として）外的対象である机が考えられて、つまり知覚風景に重ねて外的対象が考えられている。だから「重ね描き」なのである。ここで注意すべきは、外的対象は、知覚風景が「知覚（perceive）される」のに対して「考えられる（conceive）」のである。このことは現代科学が机を原子や分子の集団として「考えて」いる、つまり机の現代的意味において一段と明瞭であろう。現代科学の理論概念である原子その他の素粒子と、常識レベルでの感覚的知覚風景との関係ほど、この重ね描きの構図を明確に示すものはない。なぜならばデモクリトスの原子論やドールトンの化学的原子論から現代の原子論に至るまで、原子はすべて知覚風景内の事物（鉄や水）に時間空間的に重なるものとして考えられたというのが歴史的事実だからである。重ね描きの構図は、この科学史上の展開を忠実に模写したものに他ならない。更に、重ね描きの構図は失敗に終った因果構図に替るものであるが、同時に因果構図で得られた成果のすべてを自分の中に取り込むものである。例えば外的対象から発して大脳皮質に至る生体内の因果系路を、その袋小路を含めて知覚風景に重ねて描きこむのである。例えば、机が見えている何でもない平凡な知覚風景に重ねて、原子集団としての（客観的立体的）机から発する電磁波の網膜への到着、そこから視神経を経由して視覚領野ニューロンへの刺戟、といった風であって、生理学の貴重な遺産を何一つ無駄にしない。この知覚風景とそれに対応する科学描写の重ね描きによって、科学描写の意味が一段と鮮明になる。日常的な知覚風景が見えている、それは「すなわち」かくかくの科学描写に他ならない、という日常風景とその科学描写との一体性をあるがままに表現したのが、この重ね描きの構図なのである。因果構図に較べてみれば、それが全く常識的であって非専門的であり、しかも科学の専門的成果をすべてそっくり頂戴する。重ね描きは科学者をも含めての「常人」にぴったりの構図なのである。そして、意識から脳に至った自我の意味制作上で発生した災厄を、遅まきながら幾分かなりと修復する構図ではあるまいか。

初出一覧

＊

1 線型時間の制作と点時刻　「現代思想」一九九三年三月
2 幾何学と運動　「現代思想」一九九二年一一月
3 ゼノンの逆理と現代科学　「現代思想」一九九三年四月
4 キュビズムの意味論　「現代思想」一九九二年五月

＊＊

5 存在の意味　『岩波講座　宗教と科学③』一九九二年一〇月
6 疑わしき存在　「現代思想」一九九二年一〇月
7 色即是空の実在論　「現代思想」一九九三年一〇月

＊＊＊

8 無脳論の可能性　「現代思想」一九八八年四月
9 脳と意識の無関係　「現代思想」一九九二年一二月
10 意識の虚構から「脳」の虚構へ　「現代思想」一九九三年五月

存在の意味の制作（ポイエーシス）
――大森荘蔵の「晩年様式集《イン・レイト・スタイル》」（その2）

野家啓一

本書『時間と存在』（一九九四）[1]は、『時間と自我』（一九九二）および『時は流れず』（一九九六）とともに大森荘蔵（一九二一〜一九九七）晩年の三部作を構成する一冊である。主題は大まかに時間論、存在論、無脳論の三分野に大別できる。以下ではそれぞれの領域について、大森荘蔵晩年の「思索のスタイル」を簡略にたどり直すことを試みたい。前作に続き「晩年様式集[2]」を副題に冠したゆえんである。

一　後悔と取り越し苦労

時間という抽象的なものを表象する場合、われわれはごく自然にノートや黒板に直線を描き、直線上の任意の点に印をつけ、そこに現在を標示する原点（ゼロ点）を置く。この「時間を一直線上の点で表示する二千年来の習慣[3]」を大森は「線型《リニア》時間」と呼ぶ。物理学に由来する物理時間tのことである。ただし、このままでは時間様相の根本である「過去・現在・未来」の意味が捉えられない。そこで大森は「意味のシミュレーション」と呼ぶ方法を導入する。抽象的概念をごく素朴な日常の生活経験を基盤に制作（ポイエーシス）しようという試みである。

まず身の回りの日常的事物、たとえばボールペンをとりあげよう。このボールペンは持続的存在である。つまり「今現在目の前に存在している」し、「昨日も存在していた」し、かつ「明日も存在し続ける」であろう事物である。言い換えれば、「存在」の意味にはすでに「時間」が含まれている。この「事物存在の意味の中に現在未来過去の意味が含まれている」［20］ことを大森は道元の『正法眼蔵』にならって「有時」と呼び、それを「存在の時めき」と言い直す。まさに存在と時間は表裏一体なのである。

次に日常的事物に内在するこの局所的（local）な「時めき時間」が全域的（global）な「骨格時間」へと拡張される。基点となる現在は「今…の最中」というありふれた経験の中に求められ、それを基準にして「今最中」の以前と以後とが分節化される。つまり「未来という意味は例えば取越し苦労やいらいら待ちの経験の中に籠められているし、過去という意味は追憶や後悔の経験の中に籠められている」［158］というわけである。そうした日常的経験を通じて時間順序が定められ、この順序列は未来方向と過去方向へ無限に延長される。これが「骨格時間」であり、それが原型となって精密な計量が導入され、科学仕様の「線型時間t」が制作される。このように「線型時間は徹頭徹尾われわれの意図的な制作物」［31］であることに注意せねばならない。

さて、線型時間が首尾よく制作できたとして、それを数直線に見立てて時刻を点で表示したくなるのが人のさがというものであろう。しかし大森によれば「制作の結果としての点時刻という概念には人を中毒させて麻痺や混濁をひき起す猛毒が含まれている」［33］のである。その麻痺や混濁の代表例が「飛ぶ矢」や「アキレスと亀」のパラドックスで名高いゼノンの逆理にほかならない。そもそも「点時刻」とはその定義からして「幅をもたない」、つまり「持続ゼロ」の時間である。大森の批判の核心は「持続ゼロの点時刻における物の存在とか状態とかを考えたり想像したりすることはできない」［35］という点にある。「飛ぶ矢のパラドックス」を例にとって、彼はそれを次のように敷衍している。

運動とか静止とかは、微小なりとはいえ有限の時間間隔と有限の空間間隔の上で意味を与えられているのであって、ただ一箇の点時刻の上での運動や静止の意味を一義的に決定できない。したがってその点時刻に矢が或る点位置に存在すると共に或る速度（運動量）を持つと考えることも可能なのである。［84］

大森はそのことを「羊かんの切り口には羊かんはない」［85］という卓抜な比喩で言い表している。もちろん点時刻を羊かんの切り口に見立ててのことである。もう一つ、彼が得意とする論法は「空間の中であれ時間軸上であれ、点の運動ということは矛盾を含んでいる」［68］あるいは「幾何図形の運動とは矛盾概念なのである」［69］という常識に反するような議論である。ただしこれは、点の同一性をどう確保するかという実体と付帯性に関わる問題にからんでおり、興味のある読者は六五頁以下の論証を眉に唾をつけつつ自ら確かめていただきたい。

二　「語り存在」と存在強度

本書の二番目のテーマは「存在」である。アリストテレスではないが「存在はさまざまに語られる」。大森が例示するように「日常生活での物体の存在、クォーク等の理論的存在、虚数その他の数学的存在、昔からの難題である普遍の存在、光源氏のような物語り存在、さらに過去形の存在」といった具合である。彼の戦略は、まず日常生活で出会う物体存在の意味を確保し、そこから存在意味を順次拡張するという形で進められる。

たとえば眼前の机は「かく見えかく触れるそのことがまさに存在」〔133〕なのであり、「知覚の場では知覚されることの中にその存在が籠められている」〔133〕のである。知覚対象の存在を疑うことは、身体存在としての自己を疑うに等しい。それはまた火事や交通事故など自分の生死、すなわち自己の消滅にかかわる以上、疑うことは意味をなさない。その意味でバークリィの「存在《エッセ》とは知覚《ペルチピ》」というテーゼはまったく正しいのである。

だが、日常の知覚世界に属しながら、肉眼では見えず、手で触ることのできないものがある。「細菌、ウィルス、赤血球、白血球、抗体、ニューロンその他の各種細胞」〔135〕などである。細菌やウィルスは肉眼では捉えられないが、医師は顕微鏡下で観察されたものをその拡大相似形と「考える」のである。その意味で細菌やウィルスは「考えられた存在」にほかならない。ところが「考えられた存在」は単なる絵空事ではない。細菌やウィルスという語を含むミクロな人体描写（細菌物語り）は発熱や下痢といったマクロな知覚描写と時間空間的にぴったり重なり合うのである。大森はこれを「重ね描き」と呼び、「この細菌物語りで生活世界を語りうるということこそ、細菌がこの生活世界に存在しているということに他ならない」［139］と主張する。つまり、細菌物語りという文脈の中で細菌やウィルスの存在意味が制作されたのである。それゆえ、それらは「語り存在」の名に値する。

ここから後は一瀉千里である。細菌やウィルスよりもさらに微小な事物、たとえば原子、分子、陽子、電子、クォーク、レプトンなどのいわゆる理論的存在もまた「語り存在」にほかならない。ひとまず大森の説明に耳を傾けるとしよう。

まず何かの形で原子が存在してそれを言語で表現する、という通常の考えを捨てねばならない。事は正反対であって、日常言語描写に重ね描かれる新しい一つの語り方、一つの新しい言語、すなわち自然科学の言語が開発案出される、そしてその開発の中で原子の存在の意味が新たに開発されたのである。語られるということによって対象性が発生し、その対象性が存在に成長する、と考えたい。科学言語という新しい言語の語りの中で新しい存在意味が生み出されたと考えたいのである。［142］

もちろんこれは、科学言語が原子の存在を創り出したという意味ではおよそない。ましてや、語りに応じて新種の存在が次から次へと産出される「存在の大安売」［179］になるのではないかといった心配も無用である。そうした杞憂に対して大森は「語り存在とは経験の語りが成功することなのだから、それが失敗するとき語り存在は失なわれる。科学史上その失敗の例には事欠かない。

フロギストン、カロリック（燃素）、そしてエーテル等々」［179］と釘を刺している。語り存在は「経験を広範囲に語る」［180］という条件を満たさねばならず、その条件をクリアして厳しいテストを潜り抜け、持続的存在を獲得することは生半可な対象にできる技ではないのである。

このようにして語り存在は素粒子や波動関数などの「理論的存在」からさらに「数学的存在」や「過去存在」や「普遍存在」、ついにはプラトンの「イデア」までをも包括することになる。ただし、そこには同心円状におのずから「存在強度」という尺度があてがわれることになる。大森によれば「こうして日常生活の中のあれこれの事物こそ最も確固とした存在であり、模範的存在として存在の原型となる。他の存在候補はすべてこの原型的存在に比較され測量されて、そのいわば存在強度が判定されることになる」［167］のである。この「存在強度」という考えこそは、一見突飛なアイディアに見えるものの、大森存在論の核を成す概念にほかならない。

大森はクワインの「存在とは（全称量化詞《クオンティファイアー》と存在量化詞の）変域の値となること」［144］というテーゼを「クワインの法則」と呼び、これを存在の意味と言語との根源的つながりを示すものと称揚している。さらに存在意味は言語とともに発生し、成長してゆくものとしながら「このことは、物体や原子といった物質の存在意味から、それと違った数学的対象や普遍の存在意味を考えてゆくときにますます鮮やかに見えてくるだろう」［144］と述べている。その意味からすれば、大森存在論とその基盤をなす「存在強度」の概念は、分析哲学の王道とも言うべき「クワインの法則」と見事に平仄を合せているのである。

三　無脳論と重ね描き

本書の三番目、最後の主題は「脳と意識の無関係」すなわち「無脳論」である。二〇世紀後半からの脳神経科学の発展には目覚ましいものがあり、脳科学者の登場しないニュース番組を見つける方が難しいほどである。大森はその背景にある「知覚・思考・記憶・感情……これらの心の働きのすべては脳の働きである。脳の働きによって心の働きが生れるのだ」[208]という現代人の常識ともいうべき考えを「脳産教理」ないしは「脳信仰」と呼んで批判の標的に据える。

それに対して大森は「心の働きに脳は全く関与していない」[210]という「無脳仮説」を対置する。もっとも大森といえども脳産教理を正面から否定することは憚られるのか、目指すところは「無脳仮説の可能性を説得して脳産教理の盲目的信仰に若干のダメージを与え、その信仰の盲目性を幾分なりと開眼することにある」[211]とやや控えめである。それでは脳産教理のどこに問題があるのだろうか。

脳産教理の基盤となっているのは「知覚の因果説」である。つまり「外部の事物からの反射光線が私の眼球で屈折して網膜の神経細胞に達し、その神経細胞からの活動電位パルスが視神経、外側膝状体を経て後頭葉の視覚領野のニューロンに達する」[212]という現代生理学公認の因果系列が前提されているのである。大森はこれを「順路」と呼ぶ。問題は「逆路」である。当然ながら「網膜から発して外界事物に到る因果系列を今日の公認の科学の中で考えることはできない」[212]のである。

いま私に見えている視覚風景は通常「私」に帰属され、「私に見えている」と表現される。たしかに私が身体の位置を変えれば、それと連動して視覚風景も変化する。これについて大森は「この視覚風景と私の身体との連動変化は全然因果的連動ではない。顔の向きを変えれば風景が変わる、ここには因果関係は全く見あたらない。顔の向きが変わるということはすなわち向き合った諸物体が変わることを意味する」と主張する。つまり、顔の向きと風景変化は原因と結果の関係ではない。そこには原因と結果の時間的前後関係は存在しないからである。それゆえ大森は、これは「因果的連動ではなく全く別の種類の連動」〔219〕なのであり、「意味上の連動」ないしは「論理的連動」なのだと結論する。したがって、風景の私への帰属に関して「帰属の意味は因果的な脳産教理といかなる関係もない」〔219〕のである。それでは因果関係でないとすればいかなる関係なのか。大森は因果関係に対置して「重ね描きの構図」を提起する。

> 私に今見えている机の知覚風景に重ねて（それを表面として）外的対象である机が考えられて、つまり知覚風景に重ねて外的対象が考えられている。だから「重ね描き」なのである。ここで注意すべきは、外的対象は、知覚風景が「知覚（perceive）される」のに対して「考えられる（conceive）」のである。このことは現代科学が机を原子や分子の集団として「考えて」いる、つまり机の現代的意味において一段と明瞭であろう。〔267〕

これを先の脳産教理に当てはめてみるならば、脳の働きが原因で心の働きが結果として生み出されるのではない。神経シナプスをはじめとする脳状態の描写と喜怒哀楽に彩られた心的状態の描写は、一方が他方を産出する因果関係にあるのではなく、意味的な「重ね描き」の関係にあるのである。今一度大森の言葉を引けば「日常的な知覚風景が見えている、それは「すなわち」かくかくの科学描写に他ならない、という日常風景とその科学描写との一体性をあるがままに表現したのが、この重ね描きの構図なのである」〔268〕ということになろう。それは脳産教理に代表される「科学(主義)的実在論」に対する、大森がたどり着いた「程々の(modest, moderate)実在論」〔204〕のもう一つの姿なのである。

[注]

(1) 知られているように「時間と存在」はハイデガーが『存在と時間』第一部第三篇の標題として予告したが公刊されなかった部分である。のちにハイデガーは同題の講演(一九六二)を行い、最晩年の論集『思索の事柄へ』に収録された。それゆえ真面目なハイデガー研究者なら、このタイトルに仰天したかもしれない。もっとも大森荘蔵はそうした経緯にはまったくノンシャラン、無頓着だった様子である。

(2) 言うまでもなく『晩年様式集』は先般亡くなった大江健三郎の最後の小説のタイトルである。大江はこの標題を盟友エドワード・サイードの最後の著作 In Late Style から借り受けている。

(3) 本書八頁。以下、本書からの引用については、引用文の末尾に数字のみを記す。

著者　大森荘蔵（おおもり・しょうぞう）

1921年岡山県生まれ。1944年に東京大学理学部物理学科を卒業、1949年に同大学文学部哲学科を卒業。東京大学教養学部教授、放送大学教授を歴任。独自の哲学を打ち立て、多くの後進に多大な影響を与えた。著書に『物と心』『新視覚新論』ほか多数。『時間と自我』にて第5回和辻哲郎文化賞受賞。1997年没。

時間と存在
新装版

2023年8月25日　第1刷印刷
2023年9月12日　第1刷発行

著者――大森荘蔵

発行人――清水一人
発行所――青土社

〒101-0051　東京都千代田区神田神保町1-29　市瀬ビル
［電話］03-3291-9831（編集）　03-3294-7829（営業）
［振替］00190-7-192955

印刷・製本――モリモト印刷

装幀――水戸部功

Printed in Japan
ISBN978-4-7917-7580-4